柏拉图全集

PLATONIS OPERA

增订版 **4**

[古希腊]柏拉图◎著

王晓朝◎译

人民出版社

责任编辑：张伟珍

封面设计：吴燕妮

图书在版编目（CIP）数据

柏拉图全集 .4 ／ ［古希腊］柏拉图 著；王晓朝 译 . –增订本 . —北京：
人民出版社，2017.2（2020.1 重印）

ISBN 978 – 7 – 01 – 016838 – 8

I.①柏…　II.①柏…　②王…　III.①柏拉图（前 427~ 前 347）–
全集　IV.① B502.232-52

中国版本图书馆 CIP 数据核字（2016）第 245144 号

柏拉图全集［增订版］4

BOLATU QUANJI

［古希腊］柏拉图　著　王晓朝　译

人民出版社 出版发行

（100706　北京市东城区隆福寺街 99 号）

北京汇林印务有限公司印刷　新华书店经销

2017 年 2 月第 1 版　2020 年 1 月北京第 2 次印刷

开本：710 毫米 ×1000 毫米 1/16　印张：11

字数：158 千字　印数：3,001–5,000 册

ISBN 978 – 7 – 01 – 016838 – 8　定价：36.00 元

邮购地址 100706　北京市东城区隆福寺街 99 号

人民东方图书销售中心　电话（010）65250042　65289539

目　录

增订版译者前言

拙译中文版《柏拉图全集》自 2003 年开始出版以来，十来个年头匆匆而过。应社会大众的阅读需要，在出版界朋友的帮助下，全集多次重印，而在此期间，译者也在不断地听取和收集各方面的批评意见，并在教学和科研间隙对全集进行修订。最近几年，译者承担的教学和研究工作相对较少，有了对全集进行全面修订的充裕时间，遂有这个全集增订版的问世。

译者除了对原版译文进行逐字逐句的修订外，还做了以下工作：

（1）原版中各篇对话的提要译自伊迪丝·汉密尔顿所撰写的各篇对话短序。本次修订，所有提要均由译者本人撰写，内中包含译者自身的阅读结果，写出来供读者参考。

（2）考虑到研究的需要，也考虑到柏拉图的疑伪之作至今尚无最终定论，因此借修订之机，补译柏拉图伪作十六种。它们是：《阿尔基比亚德上篇》（Alcibiades I）、《阿尔基比亚德下篇》（Alcibiades II）、《希帕库斯篇》（Hipparchus）、《克利托丰篇》（Clitophon）、《塞亚革斯篇》（Theages）、《弥诺斯篇》（Minos）、《德谟多库篇》（Demodocus）、《西绪福斯篇》（Sisyphus）、《厄里西亚篇》（Eryxias）、《阿西俄库篇》（Axiochus）、《情敌篇》（Rival Lovers）、《论公正》（On Justice）、《论美德》（On Virtue）、《神翠鸟》（Halcyon）、《定义集》（Definitions）、《诗句集》（Epigrams）。

（3）专有名词（人名、地名、族名、神名）有少量改动和增添；哲学概念和术语的译名结合近年来的研究动态有改动，并以注释的方式说明旧译和新译的基本情况。

（4）文中注释有较多修改和增添。所有注释均由译者参照已有各种版本柏拉图著作的注释加以取舍、改写、综合、添加。

（5）柏拉图著作标准页在原版中在页边标注，考虑到中国人的阅读习惯和排版的方便，修订版改为文间标注。

（6）除原版中列举的参考资料外，本次修订着重参考了下列图书：

J. Burnet, Platonis Opera, 5 vols, Oxford, Clarendon Press, 1900—1907.

Plato, Complete Works, ed. By John M. Cooper, Hackett Publishing Company, Indianapolis, Cambridge, 1997.

（7）参考 John M. Cooper 编辑的英文版柏拉图全集中的索引，重编增订版索引，并增加希腊文对照。

近年来，中国高校大力推广人文素质教育，阅读经典著作成为素质教育的重要内容。为适应这种社会需要，译者将修订版的《柏拉图全集》分为十册出版，以解决全集篇幅过大，一般学生和社会读者难以全部购买的问题。待各分册出版完成以后，再视社会需要，出版完整的增订版《柏拉图全集》。现在，全集分册的出版已经完成。新的合集共分三卷，各卷包含的内容是：

上卷：中文版序、译者导言、柏拉图年表、柏拉图谱系表、柏拉图著作篇名缩略语表、申辩篇、克里托篇、斐多篇、卡尔米德篇、拉凯斯篇、吕西斯篇、欧绪弗洛篇、美涅克塞努篇、小希庇亚篇、伊安篇、高尔吉亚篇、普罗泰戈拉篇、美诺篇、欧绪德谟篇、克拉底鲁篇、斐德罗篇、会饮篇。

中卷：国家篇（10 卷）、泰阿泰德篇、巴门尼德篇、智者篇、政治家篇、斐莱布篇、蒂迈欧篇。

下卷：克里底亚篇、法篇（12 卷）、伊庇诺米篇、大希庇亚篇、阿尔基比亚德上篇、阿尔基比亚德下篇、希帕库斯篇、克利托丰篇、塞亚革斯篇、弥诺斯篇、德谟多库篇、西绪福斯篇、厄里西亚篇、阿西俄库篇、情敌篇、论公正、论美德、神翠鸟、定义集、书信、诗句集、总索引。

　　借《柏拉图全集》增订版出版之机，重复译者在原版"译者导言"中说过的话："译作的完成之日，就是接受批评的开始。敬请读者在发现错误的时候发表批评意见，并与译者取得联系（通信地址：100084 清华大学人文学院哲学系；电子邮件：xiaochao@tsinghua.edu.cn），以便译者在有需要再版时予以修正。"

　　感谢学界前辈、同行、朋友的教诲、建议和批评！

　　感谢人民出版社为出版中文版《柏拉图全集》所付出的巨大努力！

　　感谢中文版《柏拉图全集》出版以来阅读过该书的所有读者！感谢中文版《柏拉图全集》出版以来，对该书作出评价和提出批评意见的所有人！

王晓朝

2017 年 9 月 18 日

普罗泰戈拉篇

提　　要

　　本篇属于柏拉图早期对话中较晚的作品，以谈话人普罗泰戈拉的名字命名。公元1世纪的塞拉绪罗在编定柏拉图作品篇目时，将本篇列为第六组四联剧的第二篇，称其性质是"驳斥性的"，称其主题是"论智者"。① 谈话篇幅较长，译成中文约4万2千字。对话场景设在雅典某个公共场所，大约写于公元前455—前447年间，与《高尔吉亚篇》写作时间相近。

　　对话采用苏格拉底自述的形式，描写苏格拉底同当时最负盛名的智者普罗泰戈拉讨论美德问题。对话时间设定在伯罗奔尼撒战争之前，此时苏格拉底年约40岁，普罗泰戈拉则已年过花甲，智者普罗狄科和希庇亚的年纪同苏格拉底相仿。对话地点在雅典富翁卡里亚家中，他经常出资赞助智者的活动。

　　整篇对话可以分为三个组成部分。第一部分（309a—317e），简短的序言之后由苏格拉底转述他与希波克拉底的交谈。希波克拉底听说普罗泰戈拉到达雅典，极为兴奋地去找苏格拉底，要苏格拉底代为引荐，去见普罗泰戈拉，并打算付钱给他，做普罗泰戈拉的学生。苏格拉底询问希波克拉底这样做的目的，要他先搞明白智者是什么人，并指出希波克拉底在不知道智者是什么人的时候就要把自己的灵魂托付出去风险很大。他们抵达卡里亚家中以后，见到了普罗泰戈拉和其他著名智者，观

---

①　参阅第欧根尼·拉尔修：《名哲言行录》3∶59。

察了这些智者及其追随者在卡里亚家中的活动情况。最后应他们的要求，普罗泰戈拉召集了一场聚会，所有人都参加，由他和苏格拉底进行对话。

第二部分（318a—328e），讨论美德是否可教的问题。普罗泰戈拉重申智者教育的最重要功能是使人变好，在道德上变善，成为一位好公民。苏格拉底指出，道德方面的事务和技术方面的事务不同，美德是不可教的，即使是最聪明，最优秀的公民也不能把他们拥有的美德传给自己的儿子或其他人，要求普罗泰戈拉做进一步的解释。普罗泰戈拉讲述了普罗米修斯为人类盗火的神话故事，指出人类由此拥有了一份神性，宙斯派遣赫耳墨斯把公正和羞耻感送给人类，让所有人都拥有一份美德，所以人的美德是神授的，每个人都拥有一份公正和其他公民美德。但是人们不把这种美德当作天然的或者自我生成的，而是当作某种可教的东西，可以在接受者身上加以精心培育。

第三部分（329a—361e），探讨美德的整体性问题。苏格拉底要普罗泰戈拉回答，美德是以公正、自制和虔诚为部分组成的一样东西，还是一个实体？俩人在讨论中涉及了一般性的美德、具体美德，以及二者间的关系问题。在讨论中，由于普罗泰戈拉回答问题的方式引发了一场争吵，随后又转而讨论西摩尼得的诗歌（339a—347b）。苏格拉底重申了他的观点，"任何人做错事或做坏事都是不自愿的"（345e）。经过这段离题的谈论后，讨论重新采用一问一答的方式进行。这场讨论最后得出了戏剧性的结果，双方的论点各自走向反面。苏格拉底开始时说美德不可教，但到后来却证明所有美德都是知识，这是对美德可教的最好证明。普罗泰戈拉开始时认为美德可教，但却证明美德不是知识，而是情感，这就使它们成为完全不可教的东西了。苏格拉底对这种结果表示惊讶，表示要进一步讨论这些问题。

柏拉图的早期对话一般只讨论某一种美德的定义，并且都没有得出肯定的结论；本篇却将美德作为一个整体加以考察，对公正、自制、虔敬、勇敢等主要美德进行分析，认为它们有共同性，都和知识相联，都受智慧的支配。这是苏格拉底的理性主义伦理学的一个总结。

正　文

谈话人：朋友、苏格拉底

友　【309】你打哪儿来，苏格拉底？不，你别告诉我，让我猜猜看。你显然一直在追求那位已经长大成人，并且对你心甘情愿的阿尔基比亚德①。嗯，我前些日子还见过他，他确实已经是个漂亮的男人了——这话只在我们俩中间说，"男人"对他来说是个恰当的词，他已经长胡子了。

苏　【b】噢，那又怎么样？我想你是荷马的崇拜者，荷马说年轻人刚开始长胡子的时候是最迷人的，② 这正是阿尔基比亚德所处的年龄段。

友　那么，你有什么事儿吗？你刚才和他在一起吗？这个年轻人对你怎么样？

苏　我想他对我很好，尤其是今天，因为他站在我一边，说了很多支持我的话。③ 你说得没错，我刚才还和他在一起。但是，有件很奇怪的事我想告诉你。尽管我们待在一起，但我完全没有注意到他；说真的，我在大部分时间里把他给忘了。

友　【c】你们俩怎么会有这种事呢？想必你碰上某个比他更漂亮的人了，但肯定不是这个城邦的。

苏　比他漂亮得多。

友　你在说什么？他是雅典公民还是外邦人？

苏　外邦人。

友　他来自哪里？

苏　阿布德拉。

---

① 阿尔基比亚德（Ἀλκιβιάδης），约公元前450—前404年，雅典将军，年轻时因美貌和理智出众而著名。他与苏格拉底的交往和友谊参阅《会饮篇》215a。

② 参阅荷马：《伊利亚特》24：348；《奥德赛》10：279。

③ 参阅本篇336b，347b。

友　这个外邦人在你看来比克利尼亚①的儿子还要漂亮吗？

苏　拥有最高智慧的人怎么就不能是最漂亮的呢？

友　什么？你是说你在陪伴一位聪明人吗，苏格拉底？

苏　【d】他是现在还活在世上的人中间最聪明的——如果你认为最聪明的人就是最漂亮的人——他是普罗泰戈拉②。

友　你说什么？普罗泰戈拉在镇上吗？

苏　已经有两天了。

友　噢，你刚才跟他在一起，你从他那里来吗？

苏　【310】对，我们在一起谈了很长时间。

友　好吧，请你坐下，如果你现在有空，把你们的谈话都告诉我们。让那个孩子给你让个座。

苏　行。我把你们愿意听当作你们对我的帮助。

友　正好相反，是你对我们的帮助，如果你能告诉我们。

苏　这么说来，这种帮助是双向的。好吧，整件事情是这样的：

【b】今晨破晓时分，阿波罗多洛③之子、法松④的兄弟希波克拉底⑤用棍子敲我的门，门开了，他急匆匆地走进来，大声喊道："苏格拉底，你醒了，还是仍在睡觉？"

听到他的声音，我说："是希波克拉底吗？我希望没什么坏消息。"

"没有，只有好消息。"他答道。

"那我太高兴了，"我说，"什么事情让你在这个时候到我这里来？"

"普罗泰戈拉到了。"他说着，站到我的床边。

"前天到的，"我说，"你才知道？"

【c】"对！昨晚才知道。"他一边说一边摸到我的床边，在我脚头坐

---

① 克利尼亚（Κλεινίας），阿尔基比亚德之父。

② 普罗泰戈拉（Πρωταγόρας），著名智者。

③ 阿波罗多洛（Απολλόδωρος），人名。

④ 法松（Φάσων），人名。

⑤ 希波克拉底（Ιπποκράτης），人名。除了本篇提到的内容以外，其余事迹不详。

下，他继续说，"对，是昨天晚上，在我从欧诺厄①回来以后。我的奴隶萨堤罗斯②逃跑了。我想告诉你，当时我正在追赶他，但有件事冒出来，让我顾不上去管他了。回家以后我们吃了晚饭，正要上床睡觉，我的兄弟告诉我普罗泰戈拉已经到了。【d】我当时立马就想来找你，不过我明白，时间确实太晚了。我上床睡了一会儿，倦意一过我就上这儿来了。"

看他如此坚决而又显得非常激动，于是我问他，"那又怎样？普罗泰戈拉伤害过你吗？"

他笑着答道，"你说对了，他伤害了我，苏格拉底。他独霸智慧，一点儿也不给我。"

"噢，你瞧，"我说，"如果你能按他出的价给钱，他也会使你变得聪明。"

【e】"如果事情只是这样，那倒也简单了。"他说，"我自己宁可破产，我的朋友也一样。但我来找你的原因是想让你为我的事去跟他谈谈。我自己太年轻，另外，我从未见过普罗泰戈拉或者听过他讲话。他上次到镇上来的时候，我还是个孩子。【311】他是个社会名流，苏格拉底，大家都说他是个极为能干的演说家。我们现在就过去，好吗？这样就肯定能截住他了。我听说他住在希波尼库③之子卡里亚④的家里。来吧，让我们现在就去。"

"现在别去，"我说，"太早了。不如我们去院子里散散步，等待天明，好吗？我们到那时再去。普罗泰戈拉大部分时间都待在屋子里，所以你别急，我们肯定能截住他。"

【b】于是我们起身，去院子里踱步。我想知道希波克拉底的决心有多大，于是就开始向他提问，对他进行考察。"告诉我，希波克拉底，"

---

① 欧诺厄（Oἰνόη），地名。

② 萨堤罗斯（Σάτυρος），人名。

③ 希波尼库（Ἱππονίκος），人名。

④ 卡里亚（Καρία），人名。

我说。"你试图想方设法接近普罗泰戈拉，为的是他能向你提供服务，而你打算付现钱给他。但是，他是干什么的，你希望自己变成什么样的人？我的意思是，【c】假定你打定主意要去见与你同名的科斯①的名医希波克拉底，付钱给他，为的是他能向你提供服务，那么如果有人问，你要付钱给他的这位希波克拉底是干什么的，你会怎么说呢？"

"我会说他是一名医生。"他说。

"你希望自己成为什么样的人？"

"医生。"

"假定你想去见阿耳戈斯②的波吕克利图③或雅典的斐狄亚斯④，付钱给他们，如果有人问你，你想付钱给他们的这些人从事什么职业，你会怎么说？"

"我会说，他们是雕刻师。"

"你希望成为什么样的人？"

"显然是雕刻师。"

【d】"好吧，"我说。"你和我，现在要去见普罗泰戈拉，我打算代你付钱给他，用我们自己的钱，如果还不足以说服他，也会用上我们朋友的钱。假定有人看到我们如此热情，问我们，'告诉我，【e】苏格拉底和希波克拉底，你们为什么要付钱给普罗泰戈拉？他是干什么的？'对此我们该怎么说？斐狄亚斯被称作雕刻师，荷马被称作诗人。我们听到这位普罗泰戈拉被称作什么？"

"噢，他被称作智者，苏格拉底。"

"那么，是他作为一名智者，我们才要付钱给他吗？"

"是的。"

【312】"如果有人问，你去见普罗泰戈拉，希望自己成为什么样的

---

① 科斯（Κῶς），岛名。

② 阿耳戈斯（Ἀργεῖοι），地名。

③ 波吕克利图（Πολύκλειτος），人名。

④ 斐狄亚斯（Φειδίας），人名。

人，你会怎么说？"

他脸上绯红地回答说，——此时天色已亮，可以看到他脸红——"如果这也和前面的例子相同，那么显然是成为一名智者。"

"什么？你想做一名智者，把自己向整个希腊世界呈现，你不感到可耻吗？"

"是的，我会感到可耻，苏格拉底，说老实话。"

"那么好吧，你瞧，希波克拉底，你期待从普罗泰戈拉那里得到的也许不是这种教育。【b】你期待得到的科目也许不是你从你的文法老师、音乐老师和摔跤教练那里得来的那种样子的。你不是为了成为一名专家而接受他们的专门指导，而是为了成为一个文明人接受一般的教育。"

"确实如此！这正是你可以从普罗泰戈拉那里得到的教育。"

"那么，你现在知道该怎么办了吗，或者说你没想过这个问题？"我说。

"你什么意思？"

【c】"你将把你的灵魂交给一位是智者的人去处理，这是你自己说的。如果你确实知道智者是什么人，那么我会感到奇怪。然而，要是你不知道这一点，你就不知道你把灵魂托付出去是对还是错。"

"但是，我认为我是知道的。"他说道。

"那么告诉我，你认为智者是什么人？"

"我想，"他说，"就像这个名称所表示的那样，智者是一个懂得事情的聪明人。"

【d】"可是，你对画家和建筑师也可以说同样的话，他们是懂得事情的聪明人。但若有人问我们，'在哪些方面聪明？'对画家，我们也许会回答，'在制造相关的图像方面聪明，'在其他事例中也可以这样回答。但若有人问，'智者怎么样？他们如何聪明地懂得事情？'——我们该如何回答？他们擅长制造什么？"

"苏格拉底，除了说智者是把人造就为能干的演说家的专家，我们还能说什么？"

"我们的回答是正确的，但不充分，因为它会引发另外一个问题：【e】智者在什么主题上使你成为能干的演说家？比如，演奏竖琴的演员使你在他从事的主题，亦即弹竖琴方面成为能干的。对吗？"

"对。"

"那么好。智者在什么主题上使你成为一名能干的演说家？"

"这很清楚，就是他懂的那个主题。"

"很像是这样的。那么智者懂得并且使他的学生也懂得主题是什么呢？"

"宙斯在上，"他说，"我真的不知道该怎么说了。"

【313】我继续讲我的下一个观点："你知道你将把你的灵魂置于何种危险之中吗？如果你必须把你的身体托付给某人，冒着使它变得健康或患病的危险，那么你会慎重考虑要不要这样做，你会踌躇好几天，向你的亲朋好友咨询。而现在你要托付的东西，亦即你的灵魂，比你的身体更有价值，【b】你在生活中做的所有事情做得好与坏都取决于你的灵魂变得更有价值或者更无价值，但我却看不到你向你的父亲和兄弟询问，或者找一个你的朋友来商量，要不要把你的灵魂托付给这个刚刚到达这里的陌生人。噢，不对，你听说他在头天晚上就到了——是吗？——而第二天早晨你就来到这里，不是跟我讨论是否应当把自己托付给他，而是打算花你自己的钱和你朋友的钱，【c】你好像已经想得很清楚了，无论如何要跟普罗泰戈拉交往，而这个人你承认并不认识，也从来没跟他说过话，你称他为智者，尽管你显然不知道智者是什么人，就打算把自己交付给他。"

"苏格拉底，听你这么一说，好像是这么回事。"

"那么，我说得对吗，希波克拉底，智者是销售滋养灵魂的营养的商人？我觉得智者就是这样的人。"

"但是，什么是滋养灵魂的营养？"

【d】"教育，我会这样说。你瞧，或者说，智者在为他出售的东西做广告时会欺骗我们，就像那些在市场上出售供养身体的粮食的商人。一般说来，这些在市场上卖粮食的人不知道什么东西对身体是好的，什么东西对身体是坏的——他们只是在推销他们出售的一切——那些买粮食的人也不知道，除非买者正好是体育教练或医生。以同样的方式，这些人带着他们的教育周游列邦，以批发或零售的方式把它们卖给想要买他们教育的人，向这些人推荐他们所有的产品，但是，我的朋友，【e】如果这些人中间有人不知道他们的哪些产品对灵魂有益，哪些产品对灵魂有害，那么我一点儿也不会感到奇怪。与此相仿，那些向他们购买的人也不知道，除非他们中间正好有人是灵魂的医生。所以，如果你是一名有知识的消费者，你可以安全地向普罗泰戈拉或其他人购买教育。但若你不是有知识的消费者，【314】请别拿你最珍贵的东西进行危险的赌博，因为购买教育的风险远远大于购买食物。向商人购买食物和饮料时，在把它们吃进或喝进你的身体之前，你可以把它们连带包装从商铺里拿回家，可以把它们存放在一个地方，然后向行家询问自己应当吃什么和喝什么，【b】不应当吃什么和喝什么，应当吃多少，在什么时候吃。所以，你的购买冒的风险不大。但是，你不可能把教育装在一个单独的容器里带走。你放下钱，通过学习得到教育，也就把它装在灵魂里带走了，你离开的时候就已经受益或受害了。不管怎么说，这些问题我们都应当思考，要取得我们长者的帮助。要想深入考察这样的大问题，你我都还太年轻了。好吧，现在让我们去做一开始想要做的事，去听这个人讲话；听了他的讲话以后，【c】我们也可以与其他人交谈。要知道，不是只有普罗泰戈拉一个人在那里。埃利斯①的希庇亚②也在那里，还有科斯的普罗狄科③，我相信。还有许多人在那里，他们全都是聪明人。"

　　意见一致以后，我们出发了。到了卡里亚家的大门口，我们在那里站了一会儿，继续讨论路上谈论的一些问题，不想在问题没解决之前就进去。所以，我们站在门外交谈，直到有了共同的看法，【d】我想看门人听到了我们的声音，他是一个阉人，大批智者的到来使他对来访者有

① 埃利斯（Ἠλεῖος），地名。
② 希庇亚（Ἱππίας），著名智者。
③ 普罗狄科（Πρόδικος），著名智者。

一肚子火，因为在我们敲了门，他打开大门的时候，一看到我们，他就说，"哈哈！又有智者来了。他很忙。"说着，他就用双手砰地一声用力关上了大门。我们又敲门，他透过门缝说，"没听到我说他很忙吗？"【e】"我的好人，"我说，"我们不是来找卡里亚的，我们也不是智者。请你不要生气！我们想见普罗泰戈拉。这是我们到这里来的原因。所以，请你替我们通传一下。"慢吞吞地，他给我们开了门。

　　进到里面，我们见到了普罗泰戈拉，他在柱廊里散步，有两群人跟着他。一边是希波尼库之子卡里亚、【315】伯里克利①之子帕拉卢斯②，也就是卡里亚的同母异父兄弟、格老孔③之子卡尔米德④；另一边是伯里克利的另一个儿子克珊西普⑤、菲罗美鲁之子腓力庇得、门德⑥的安提谟鲁⑦，他是普罗泰戈拉的金牌学生，通过专门的学习成为一名智者。那些紧随其后、听他们交谈的人好像都是外邦人，【b】是普罗泰戈拉周游列邦时吸引过来的。他用奥菲斯⑧一般美妙的声音迷惑了他们，而他们也像是被符咒镇住了似的跟着他来到这里。他们就像是一个歌舞队，队里也有一些本地人，他们的舞蹈让我兴奋，我看着他们美妙地舞动，小心翼翼，不让自己挡住普罗泰戈拉的道。当他和那些紧随左右的人转身向后走的时候，跟在后面的听众秩序井然，立刻朝两边分开，让出道来，等他们走过，两边又重新合拢，紧随其后。真是美妙极了！

　　【c】这时候我看到，就像荷马说得那样，⑨埃利斯的希庇亚端坐在

---

① 伯里克利（Περικλές），雅典大政治家，将军，约公元前495—前429年。
② 帕拉卢斯（Πάραλος），人名。
③ 格老孔（Γλαύκων），人名。
④ 卡尔米德（Χαρμίδης），人名。
⑤ 克珊西普（Ξάνθιππος），人名。
⑥ 门德（Μενδαῖος），地名。
⑦ 安提谟鲁（Ἀντίμοιρος），人名。
⑧ 奥菲斯（Ὀρφεύς），希腊神话中的色雷斯诗人和歌手，据说他的琴声能使猛兽俯首，顽石点头。
⑨ 荷马：《奥德赛》，11：601。

对面门廊的一个高位上，围着他在长凳上就座的有阿库美努①之子厄律克西马库②、密利努③的斐德罗④、安德罗提翁⑤之子安德隆⑥，还有一些埃利斯人和几个其他城邦的人。他们好像正在向希庇亚提问，问的是天文和物理方面的问题，而他坐在高位上，正在逐一解答他们的疑难。

【d】不仅如此，我还见到了一位坦塔罗斯⑦，科斯的普罗狄科也在这个镇上。他占据了一个大房间，希波尼库以前用它作仓库，由于来访者太多，卡里亚把房间清理出来用作客房。当时普罗狄科还在床上，身上披着羊皮袄，盖着毛毯。【e】坐在床边睡椅上的是来自克拉梅斯⑧的鲍萨尼亚⑨，和他在一起的有个漂亮的小男孩，我得说他很有教养，人也长得漂亮。我想我听到他的名字是阿伽松⑩，如果他是鲍萨尼亚的小情人，那么我不会感到惊讶。所以，这个小男孩在那里，两位阿狄曼图⑪也在那里，一位是凯皮斯⑫之子，另一位是琉科罗菲得斯⑬之子，好像还有其他一些人。【316】他们在谈些什么，我站在外面听不清楚，尽管我真的很想听普罗狄科讲话，这个人在我看来真像天神一般，无所

---

① 阿库美努（Ἀκουμενοῦ），人名。

② 厄律克西马库（Ἐρυξίμαχός），人名。

③ 密利努（Μυρρινοῦ），地名。

④ 斐德罗（Φαῖδρος），人名。

⑤ 安德罗提翁（Ἀνδροτίων），人名。

⑥ 安德隆（Ἄνδρων），人名。

⑦ 坦塔罗斯（Τάνταλος），希腊神话中的吕底亚国王，因为他把自己的儿子剁成碎块给神吃，触怒主神宙斯，被罚永世站在水中。"那水深至下巴，他口渴想喝水时，水就减退，他头上有果树，饿了想吃果子时，树枝就升高。"（荷马：《奥德赛》，11∶582）柏拉图此处将普罗狄科接受提问比作坦塔罗斯受酷刑。

⑧ 克拉梅斯（Κεραμέους），地名。

⑨ 鲍萨尼亚（Παυσανίους），人名。

⑩ 阿伽松（Ἀγάθων），人名。

⑪ 阿狄曼图（Ἀδείμαντος），人名。

⑫ 凯皮斯（Κήπις），人名。

⑬ 琉科罗菲得斯（Λευκολοφίδους），人名。

不知。他的嗓音低沉，在房间里引起回响，但我听不清他在说些什么。

我们到了以后没多久，漂亮的阿尔基比亚德接踵而至（你们称他为漂亮的，对此我不予争辩），跟他一起来的还有卡莱克鲁斯①之子克里底亚②。【b】我们进到院内，花了一些时间到处走走看看，然后去见普罗泰戈拉。我说："普罗泰戈拉，这位希波克拉底和我特意来看你。"

"你们希望单独跟我谈，还是大家一起聊？"他说。

"我们无所谓，"我说，"我们把来访目的告诉你，然后由你决定好了。"

"说吧，你们来的目的是什么？"他问道。

"这位希波克拉底是阿波罗多洛的儿子，他的家族非常伟大，声名显赫。他自己的天赋能力在他这个年纪的人中间是最优秀的。【c】我的印象是，他想要在这个城邦里成为一名受尊敬的人，他认为，要是他本人与你有联系，他的想法就最有可能实现。所以，现在就请你做决定。单独跟我们谈这件事，还是当着其他人的面？"

"你的谨慎在我看来是恰当的，苏格拉底。慎重为的是，一个外邦人来到一些强大的城邦，【d】试图劝说他们中最优秀的青年抛弃他们的亲朋好友，无论年老还是年少，与他交往，通过这种交往来改善自己。这样的活动会引起大量的妒忌、敌意和阴谋。嗯，我断言智者的技艺是一种古老的技艺，但是古代从事这种技艺的人害怕带来怨恨，于是掩饰它，有时候伪装成诗歌，如荷马③、赫西奥德④、西摩尼得⑤所为，有时候伪装成宗教祭仪和预言，奥菲斯和穆赛乌斯⑥可以为证，【e】我注意到，它有时候伪装成体育，如塔壬同⑦的伊克库斯⑧，还有我们时代的塞

<hr>

① 卡莱克鲁斯（Καλλαίσχρους），人名。
② 克里底亚（Κριτίας），人名。
③ 荷马（Ὅμηρος），诗人。
④ 赫西奥德（Ἡσίοδος），诗人。
⑤ 西摩尼得（Σιμωνίδην），诗人。
⑥ 穆赛乌斯（Μουσαῖος），诗人。
⑦ 塔壬同（Ταραντῖνος），地名。
⑧ 伊克库斯（Ἴκκος），人名。

林布里亚① 人希罗狄库②，他从前是麦加拉③ 人，是个一流的智者。你们自己的阿伽索克莱斯④ 是个伟大的智者，用音乐作伪装，如开奥斯⑤ 的皮索克勒德⑥ 以及其他许多人所为。【317】他们全都像我说的那样，用各种技艺作掩护来躲避恶意的怨恨。这就是我和他们不同的地方，因为我不相信他们的目的能够实现；我认为他们实际上失败了，没能在城邦的强权人物面前掩饰他们的真实目的。【b】而大众就不用说了，他们什么也察觉不了，只会附和他们领导人的话语。噢，他们想逃跑但不成功，在逃跑时被公开逮捕，这样做，从一开始就是极其愚蠢的，而且不可避免地引起人们更大的愤怒，因为除了其他各种原因外，人们会把逃跑者视为真正的恶棍。所以，我的做法与他们截然不同。我承认我是一名智者，我教育人，【c】我认为这种承认比否认要好，也比较谨慎。我在其他许多方面也非常小心，所以，神明保佑，我避免了由于承认是一名智者而会带来的伤害。我从事这项职业已经多年，现在我年事已高，足够做你们当中任何一人的父亲。所以，如果你确实有这种请求，我会感到极大的快乐，我愿意当着这个院子里所有人的面公开讲授我的课程。"

【d】在我看来，他想在普罗狄科和希庇亚面前炫耀一下他的技艺，想在我们这些崇拜者中间获取荣耀，所以我说，"很好，那么我们为什么不请普罗狄科、希庇亚，还有他们的伙伴都过来呢？这样他们也能听到我们谈话。"

"当然可以。"普罗泰戈拉说。

"你想搞一场讨论课，让大家都坐下参加讨论吗？"卡里亚提出一项建议，这似乎是唯一可行之事。我们大喜过望，因为马上就能听到聪明

---

① 塞林布里亚（Σηλυμβρια），地名。

② 希罗狄库（Ἡρόδικος），人名。

③ 麦加拉（Μέγαρὰ），地名。

④ 阿伽索克莱斯（Αγαθοκλῆς），人名。

⑤ 开奥斯（Κεῖος），地名。

⑥ 皮索克勒德（Πυθοκλείδης），人名。

人讲话了，我们为自己搬来了板凳和躺椅，【e】在希庇亚身边摆放好，那里原先已经有一些板凳。与此同时，卡里亚和阿尔基比亚德去把普罗狄科从床上叫起来，让他们那里的人全都过来。

我们全都坐好以后，普罗泰戈拉说："好吧，大家都到了，苏格拉底，现在请你讲一下，你刚才代表这位青年对我说的是什么事。"

【318】"好的，普罗泰戈拉，"我说，"我刚才说了我们来访的目的。请允许我像刚才那样开始。这位希波克拉底想要成为你的学生，所以，很自然，他想知道跟你学了以后会有什么结果。我们必须要说的就是这些了。"

普罗泰戈拉听了我的话，就说："年轻人，如果你跟我学，你能得到的就是，从你开始的那天起，回家的时候你会成为一个比较好的人，【b】第二天也一样。每一天，日复一日，你会变得越来越好。"

听了这话，我说："普罗泰戈拉，你这样说并不奇怪，反倒很像是这么回事。为什么呢，因为哪怕是你，尽管已经如此年迈和睿智，如果有人教你一些你正好不知道的事情，你也会有所长进。但若情况发生变化，这位希波克拉底突然改变主意，想去向那位新近刚来镇上的年轻人、赫拉克利亚①的宙克西波②学习，【c】希波克拉底去找他，就像他来找你一样，从宙克西波那里听说了同样的事情，就像从你这里听说的一样——和他待在一起，希波克拉底每天也会变得比较好，有所长进。如果希波克拉底问他，自己会以什么方式变得比较好，在什么方面取得长进，宙克西波会说在绘画方面。又若希波克拉底跟底比斯③的俄尔萨戈拉④学习，从他那里听到了同样的事情，和从你这里听到的一样，并且问跟他学习自己在什么方面每天都会变得比较好，【d】俄尔萨戈拉会说在吹笛子方面。以这种方式，你必须告诉我和我正在代表他提问的这

---

① 赫拉克利亚（Ἡράκλεια），地名。
② 宙克西波（Ζεύξιππος），人名。
③ 底比斯（Θῆβαι），地名。
④ 俄尔萨戈拉（Ὀρθαγόρας），人名。

位青年，回答这个问题：如果希波克拉底跟普罗泰戈拉学习，他真的能够变成一个比较好的人吗，跟你待在一起，他在什么方面每一天都能取得长进？"

听了我的话，普罗泰戈拉说："问得好，苏格拉底，听到好问题，我只会非常高兴。如果希波克拉底到我这里来，【e】他不会有跟其他某些智者学习时的体验。这些人虐待年轻人，违反学生的意愿，强迫他们去学那些他们在学校里想要逃课的科目，教他们算术、天文、几何、音乐和诗学，"——说到这里的时候，他瞟了希庇亚一眼——"但若到我这里来，他只学他想要学的东西。【319】我教的是健全的深思熟虑，在私人事务方面，如何最好地管理家庭事务，在公共事务方面，如何实现人的最大潜能，在政治讨论和行动中获得成功。"

"我听懂你的意思了吗？"我问道。"你好像在谈论有关公民的技艺，许诺要使人成为好公民。"

"这正是我的意思，苏格拉底。"

"好吧，这真是一门令人敬佩的技艺，你发展了它，如果你确实拥有。【b】我要对你说的全是我自己的想法，完全没有其他意思。事实上，普罗泰戈拉，我从来没想过这种东西是能够教的，但你说能教，我也无法提出质疑。我唯一正确的做法就是解释我从哪里得来这种它不可教的念头，它不像某种东西，可以由一个人传授给另一个人。我认为，和希腊世界的其他人一样，雅典人是聪明的。我注意到，当我们参加公民大会的时候，如果城邦要兴建某些工程，我们请建筑师给我们提建议；如果要造船，我们请造船的工匠给我们提建议；【c】其他被认为可学的和可教的事情莫不如此。但若有其他不是工匠的人，试图就这些事务提建议，那么无论他有多么英俊和富裕，或者他的出身有多么高贵，人们都不会接受他。人们会嘲笑他，对他嗤之以鼻，把他轰下台，直到他要么放弃说话，自己走下台去，要么由卫士长按照大会主席团的命令把他拉下台。【d】这就是他们处理那些被认为是技术性事务的方式。但若事情是商谈城邦的管理，那么任何人都能站起来提建议，木匠、铁匠、鞋匠、商人、船主、富人、穷人、贵族、平民——无论是什么都没关系——没有人会猛烈地批评他，说他没有在老师的教导下受过这方面的训练，竟敢在这里提建议。【e】之所以如此，其原因是清楚的：他们认为这种东西是不可教的。除了公共生活，私人生活也贯穿同样的原则，我们最聪明、最优秀的公民也不能把他们拥有的美德传给其他人。看一下伯里克利，他是在这里的这几位年轻人的父亲。【320】他在教师所能教的所有事情上给了他们极好的教育，而在他本人真正在行的事情上，他既没有亲自教他们，也没有让其他人教他们，他的儿子们不得不像那些走散了的神牛一样，到处溜达吃草，碰到什么德性就吃进去。让我们再好好地看一下克利尼亚，在场的这位阿尔基比亚德的弟弟。当时伯里克利成了他的监护人，伯里克利担心阿尔基比亚德会把克利尼亚带坏。所以他就把他们分开，把克利尼亚安置在阿里夫隆①家里，想让他在那里受教育。六个月以后，【b】阿里夫隆把克利尼亚送还给阿尔基比亚德，因为他对克利尼亚束手无策。诸如此类的事情还有很多，我无法细说，好人自己是好的，但从来不能成功地使其他人变好，无论是家庭成员，还是完全陌生的人。基于这些事实，普罗泰戈拉，我认为美德是不可教的。但是听了你必须说的这些话，我发生了动摇；我在想，你正在谈论的这种事情一定是有的。我把你当作一个经验丰富、学识渊博、深思熟虑的人。所以，要是你能清楚地向我们说明美德如何可教，请你千万别把你的解释隐藏起来。”

【c】“我没想过要对你们隐瞒，苏格拉底，”他答道。“但是，你们希望我用讲故事的方式来解释，就像一位老人给一名年轻人讲故事，还是以论证的方式来解释？”

许多听众都说随他的便，无论哪种形式都可以。他说：“我想，我还是给你们讲故事吧，这样会比较轻松一点儿。”

【d】“从前有一个时期，众神已经存在，但是可朽的族类还不存在。到了它们出现的既定时候，众神在大地上把土、水，以及这两种东西的混合物搅拌在一起，塑造了它们。等到要把它们拿到阳光下的时候，众

---

① 阿里夫隆（Αρίφρων），人名。

神指派普罗米修斯①和厄庇墨透斯②来装备它们，把恰当的力量和能力分配给每一族类。

"厄庇墨透斯请普罗米修斯把分配能力的事情让给他来做。'等我完成了分配，'他说，'你可以来视察。'普罗米修斯同意了，于是厄庇墨透斯就开始分配能力。

【e】"他给了某些动物力气，但没有给它们快捷，他把快捷给了那些比较弱小的动物。他武装了某些动物，但没有武装其他动物，【321】而是发明了一些手段让它们能够自保。他补偿那些体形较小的动物，让它们能飞，或者让它们能在地底下居住。对那些体形庞大的动物来说，身体本身就是一种保护。就这样，他不断地平衡他的分配，进行调整，并且事先采取措施，不让任何一个族类有遭到灭绝的可能。

"在向它们提供了避免相互摧毁的保护措施以后，【b】他为它们发明了抵御天气变化的办法。他让它们长出密密的毛或坚实的皮，足以抵挡冬天的风暴，也能有效地抵挡酷暑，睡觉时还能用作天然的被褥。他还让有些动物脚上长蹄子，有些动物脚上长茧子，起到鞋子的作用。然后他又给它们提供各种形式的营养，让有些动物吃植物，让有些动物吃树上结的果子，还让有些动物吃植物的块根。他让有些动物靠吃其他动物来维生。他让有这种能力的动物很少生育，而让被这些动物食用的其他动物多生多育，以便它们能够维系种族的生存。

【c】"但厄庇墨透斯不那么聪明，他在给这些没有理智的动物分配力气和能力的时候，竟然把所有装备都用光了，人这个族类完全没有得到任何装备。正当他手足无措之际，普罗米修斯前来视察，看到其他动物都装备得很恰当，样样齐全，只有人是赤身裸体的，没有鞋子，没有床，没有武器，而此时已经到了所有族类，包括人在内，要在大地上显现在阳光下的那一天。【d】这时候，普罗米修斯竭尽全力寻找某些装备

①　普罗米修斯（Προμηθεὺς），神话人物。

②　厄庇墨透斯（Ἐπιμηθεὺς），神话人物。

让人能够存活，他从赫淮斯托斯①和雅典娜②那里偷来了各种实用技艺的智慧和火（要是没有火，这种智慧实际上没有什么用处），把它们直接给了人类。人获得了这种用来维持生存的智慧，但还没有获得在一个社团里共同生活的智慧，政治智慧，因为这种智慧由宙斯③掌管。普罗米修斯不再能够任意进入天上的城堡，那是宙斯之家，此外，那里的卫兵非常可怕。【e】但是，他偷偷地溜进雅典娜和赫淮斯托斯合用的密室，那是他们练习他们的技艺的地方，从赫淮斯托斯那里偷走了用火的技艺，【322】从雅典娜那里偷取了她的技艺，把它们给了人类。由此开始，人类就有了生存所需要的资源。故事后来说，普罗米修斯被判盗窃罪，全都是因为厄庇墨透斯的告发。

"由于人拥有一份神的特许，所以在动物中只有人崇拜诸神，人与诸神有一种亲属关系，只有人竖立神坛和塑造神像。不久以后，他们就能清晰地讲话，有了语词，并且发明了房屋、衣服、【b】鞋子、毯子，向大地获取食物。有了这样的装备，人类最初孤立地散居各处，没有城市。他们被野兽吞食，因为同野兽相比，他们在各方面都非常孱弱，尽管他们的技能适宜获取食物，但不足以与野兽搏斗。这是因为他们还不拥有政治技艺，而战争技艺就是其中的一部分。他们确实试图通过建立城邦的方法以求群居和生存。结果是，当他们这样做了以后，他们又彼此为害，【c】因为他们不拥有政治的技艺，重新四处流散和被毁灭。宙斯担心整个人的族类会遭到毁灭，于是派遣赫耳墨斯④把公正和羞耻感带给人类，让城市可以建立秩序，用友谊的纽带把人们团结起来。赫耳墨斯问宙斯他应当如何分配公正和羞耻。'我应该像分配其他技艺那样分配它们吗？其他技艺是这样分配的：由一个人掌握医疗的技艺，足以为许多普通人服务；其他各种技艺的掌握者也是这样。【d】我要用这种

---

① 赫淮斯托斯（Ἡφαίστος），希腊火神和锻冶之神。
② 雅典娜（Ἀθηνᾱ），神名。
③ 宙斯（Διός），希腊主神。
④ 赫耳墨斯（Ἑρμῆς），希腊众神的使者，亡灵的接引者。

方式在人类中建立公正和羞耻，还是把它们分配给所有人？'分给所有人，'宙斯说，'让他们每人都有一份。如果只有少数人拥有它们，就像其他技艺的情况那样，那么城邦决不会产生。你要替我立法：凡有人不能分有羞耻感和公正，就把他处死，因为他是城邦的祸害。'

"正因如此，苏格拉底，当雅典人（以及其他城邦的人）在争论与建筑上的卓越或其他专门行业的技能有关的问题时，他们认为只有极少数人有权提出建议，【e】除了这些挑选出来的少数人，他们不接受其他任何人的建议。你自己也已经提出这个观点，我还可以添加很好的理由。但若他们的争论涉及政治上的卓越，【323】这种卓越完全从公正和节制开始，他们接受任何人的意见，也有很好的理由这样做，因为他们认为这种具体的美德，政治的或公民的美德，为所有人分享，否则就不会有任何城邦。这就是我的解释，苏格拉底。

"所以，把这一点考虑为所有人都拥有一份公正和其他公民美德这一普遍信念的进一步证明，你就不会认为自己受骗了。在其他技艺中，如你所说，如果某人声称自己是个好笛手，或者擅长别的什么技艺，而实际上他不是，【b】那么人们会嘲笑他或对他发火，他的家人会赶过来，把他捆绑起来，就好像他是个疯子。但是论及公正或其他社会的美德，即使人们知道某个人是不公正的，但若他把事实真相公开地说出来，那么人们都称之为真正的疯狂，而在前面那个事例中，他们会称之为一种体面的感觉。【c】他们会说，每个人必须声称自己是公正的，而实际上他们不是，不肯假装公正的人一定是疯子，因为一个人必定拥有某些公正，否则他就不是人。

"那么，这就是我的第一个观点：承认每个人都是这种美德的建议者是合理的，理由是每个人都有一份这种美德。下面我试图向你说明，人们不把这种美德当作天然的或者自我生成的，而是当作某种可教的东西，可以在接受者身上加以精心培育。

【d】"就恶而言，人们普遍把恶当作由于本性或厄运而产生的痛苦，在这种情况下，无人会对那些遭受这种痛苦的人发火，或者训斥、告诫、惩罚他们，或者试图矫正他们。对他们我们只是表示遗憾。无人会愚蠢到这种地步，会像对待丑陋、矮小、虚弱的人一样去对待他们。我假定，其原因就在于他们知道这些事情发生在人身上是一种自然的过程，或者是命中注定的，这些疾病是这样，这些疾病的对立者也是这样。【e】就善而言，对那些通过实践，训练和教育在人身上产生的善物，如果某个人不拥有这些善，而是拥有与它们相对应的恶，那么他会发现他自己是愤慨、惩罚和指责的对象。【324】在这些恶德中间有不公正和不虔敬，以及与公民美德相反的各种德性。这个领域中的过错总会碰上愤慨和指责，其原因很清楚，因为人们相信这种美德可以通过实践和教导来获得。苏格拉底，惩罚的真正意义的关键在于这样一个事实，【b】人们把美德当作可以通过训练来获得的东西。无人会考虑到一个人做了错事这样一个简单的事实而惩罚作恶者，除非这个人做事情像野兽一样愚蠢和恶毒。合理的惩罚不是对过去的错误的报复——因为已经做过的事情不可能挽回——而是着眼于未来，【c】防止作恶者和任何看到他受惩罚的人重犯罪恶。这种把惩罚视为威慑的态度隐含着美德可以习得的意思，这也是所有在私下或公共场合寻仇的人的态度。所有人都会寻仇，惩罚那些他们认为恶待他们的人，雅典人，你的同胞公民，尤其会这样做。因此，按照我的论证，雅典人和那些人一样，认为美德是可以习得和可教的。所以，你的同胞公民在政治事务中有很好的理由接受铁匠和鞋匠的建议。【d】他们确实认为美德是可以习得和可教的。在我看来，这两种主张都已经得到充分的证明，苏格拉底。

“现在来看你剩余的难处，你提出一个有关好人的问题，这些好人把能教的一切都教给他们的儿子，使他们在这些事务中变得聪明，但却不能使他们在这些具体的美德中比其他人更好，而这些好人自己在这些德性方面是杰出的。【e】关于这个主题，苏格拉底，我将放弃故事，而诉诸于论证。请考虑：要使一个城邦存在，有没有一种东西是全体公民必须拥有的？就在这里，而非在其他任何地方，有对你的问题的解答。如果有这样一种东西，那么它不是木匠的技艺、【325】铁匠的技艺、陶工的技艺，而是公正、节制和虔诚——我可以把它们统称为人的美德，它似乎就是这种每个人都应当拥有的东西，在想要学习什么或者做什么事情的时候，有了这种美德他就应当行动，但若没有这种美德他就不应当行动；【b】我们似乎应当对那些不拥有美德的人，男人、女人或儿童，进行训导和惩罚，直到他们接受的惩罚使他们变好，若有人对这些惩罚和训导不做回应，就应当把他从城邦里驱逐出去，或者处死；如果情况就是这样，这就是这件事情的性质，好人在所有事情上教育他们的儿子，唯独在这件事情上无能为力，那么我们不得不对我们的好人的行为感到惊讶，这样做真是太离奇了。我们已经说明他们把这种东西当作可教的，既在私人生活中，又在公共生活中。由于这是一种可以传授、可以培养的东西，他们有可能让他们的儿子去学那些即使学不懂也不会被处死的东西吗，但若他们在学习美德中失败了，不能得到美德的滋养——【c】不仅被处死，而且要剥夺财产，实际上对整个家族都是一种彻底的毁灭——那么你认为他们没有把这种东西教给他们的儿子，或者没有尽可能地关心他们吗？我们必须认为他们会这样做的，苏格拉底。

"从孩子幼年起直到他们自己还活在这个世上，【d】他们一直在教导和矫正他们的孩子。一旦孩子能够明白事理，保姆、母亲、老师以及父亲本人都在争着使孩子尽可能变好，抓住一切机会用行动和言语教育他，告诉他这是对的，那是不对的，这是高尚的，那是丑恶的，这是虔诚的，那是亵渎的，应当这样做，不应当那样做。如果他自愿服从，那么好；如果不服从，他们就用吓唬和殴打来矫正他，就好像他是一块扭曲的木板。【e】在那以后，他们把他送去上学，告诉他的老师要更加关注他的品行，胜过关心他的语法和音乐课程。老师们关心这些事情，当孩子们学会了文字，能够理解书面语言和口头语言，老师们会把好诗人的作品放在孩子们的桌上，让他们阅读和背诵，【326】还有那些包含着许多训诫的作品，用许多段落颂扬古代的善人，这样一来，孩子们就会受到激励，模仿他们，成为像他们那样的人。同样，当孩子们学习弹竖琴的时候，音乐老师也培养学生们的道德尊严感和自我节制，【b】教他们更加好的一些诗人的作品，亦即抒情诗和赞美诗人。老师们给他们配乐，使节奏和旋律进入孩子们的灵魂，使他们变得比较温顺，使他们的语言和行动变得比较有节奏，比较和谐。在做了所有这些事情以后，他们还把孩子们送到体育教练那里去，好让他们拥有强健的身体，与他们现在的心灵相匹配，【c】使他们在战争或其他活动中不会由于身体虚弱而变成胆小鬼。

"这就是那些最有能力的人，也就是最富有的人，做的事情。他们的儿子很早就开始上学，【d】很迟才离开学校。等他们停止上学的时候，城邦强迫他们学习法律，并用法律规范他们的生活。他们不能按自己的意愿行事。可以用老师教写字做比喻，对那些初学写字的学生，他们先用笔在蜡板上轻轻地写字，然后让学生照着他们写的样子描。以同样的方式，城邦效仿以往那些伟大的立法家发明的法律制定法律，迫使人们依法实行统治和接受统治。城邦惩罚任何逾越这些法律的人，在你们的城邦和其他一些城邦，这种惩罚被称作'矫正'，【e】因为它是一种起矫正作用的法律行为。

"有那么多的关心和关注赋予美德，既在公共场合，又在私人场合，这种时候，苏格拉底，你仍旧对美德可教感到困惑吗？如果它是不可教的，那才是一件怪事。

"那么，为什么好父亲生的许多儿子一无是处？我想要你也明白，【327】如果我刚才关于美德说的话是对的，一个城邦要想存在，就没有人可以是美德方面的外行，这一点实际上也不值得惊讶。这是因为，如果我所说的这种看法是对的——其实没有比这更加正确的看法了——那就以其他任何职业或学习为例来考虑一下这种说法。比如，假设除非我们全都应当是笛手，否则城邦就不能存在，每个人都在这方面展现他的最佳能力，每个人都在公开场合或私人场合把这种技艺传授给其他人，并且训斥差的笛手，【b】而且无限制地一直这样做下去，就好像我们现在不会有人吝惜或者隐瞒他的关于公正与合法的知识，就好像他在从事其他职业时会这样做似的。我们每个人都拥有公正和美德，这件事关系到我们大家的利益，所以我们全都乐意相互告知和传授什么是公正，什么是合法。好吧，如果我们全都拥有吹笛子般的热情，急切而又慷慨地相互传授，那么，苏格拉底，你认为好笛手的儿子们比坏笛手的儿子们更像是能够成为好笛手吗？我完全不这么想。【c】当某个儿子正好生来就有吹笛子的天赋，他当然就会进步，能够成名；否则的话，他就会默默无闻。在许多情况下，好的笛手的儿子会变差，差的笛手的儿子会变好。但是作为笛手，与那些从来没有学过吹笛子的普通人相比，他们全都是能干的。同理，与那些缺乏教育、法庭、文明道德的劝说压力的人相比，你必须把在人类社会中抚养成长、在法律下培养出来的最不公正的人，【d】当作公正的典范，他们就像在去年的勒奈亚①节上被剧作家斐瑞克拉底②搬上舞台的那些人那么野蛮。毫无疑问，如果你发现自己置身于这样的人中间，这些人就像那部戏的合唱队中的那些仇视人类的人，【e】那么你会乐意遇见像欧律巴图或佛律农达③这样的人，并且会对这里的民众的不道德深感悲哀。情况就是这样，苏格拉底，你过于敏感，由于这里的每个人都是美德的教师，都在尽力而为，所以你一个美德的教师也看不见。【328】你也可以寻找一位希腊语的教师，但你在他们中间一个也找不到。如果你问谁能把这些技艺教给我们的工匠的儿子，那么你也不会更加成功，这些技艺他们当然会向他们的父亲学习，只要他们的父亲有这种能力，他们的父亲的同行朋友有这种能力。要使某个人能够持续不断地进行教育是困难的，而要为完全不懂任何技艺的人找到一位老师是容易的。美德和其他一切事情都是这样。如果有某人能在美德方面比我们自己有那么一丁点进步，他就应该得到珍惜。

【b】"我认为我自己就是一个这样的人，特别适合帮助其他人变得高尚和善良，完全配得上我收的那些学费，甚至应当收得更多，连我的学生也这样认为。这就是我按照下面的方式收取费用的原因：【c】仅当学生自愿的时候，他才付全价；否则他就去神庙，立下誓言以后说出他认为我的课程值多少钱，然后就付他说的这个价。

---

① 勒奈亚（Ληναία），地名。
② 斐瑞克拉底（Φερεκράτης），人名。
③ 欧律巴图（Εὐρύβατος）和佛律农达（Φρυνώνδας），均为历史人物，为人邪恶，他们的名字被当作邪恶的代名词。

"苏格拉底，你已经听了我的神话故事和关于美德可教的论证，雅典人认为事情就是这样的，善良的父亲生下卑劣的儿子，卑劣的父亲生下善良的儿子，这种事不值得奇怪，因为哪怕是波吕克利图的儿子们，【d】他们与在场的帕拉卢斯和克珊西普同龄，与他们的父亲相比也一无是处，其他艺术家的儿子们也一样。但是，现在就指责他们俩①是不公平的；他们还有希望，因为他们还年轻。"

到这里，普罗泰戈拉结束了具有大师风范的展示，停止了讲话。我出神地凝视着他，就好像他还会再说些什么似的。我继续急切地等待聆听他的讲话，等察觉到他已经真的结束了的时候，我才回过神来，【e】看着希波克拉底，我说："阿波罗多洛之子，非常感谢你把我引到这里来。我刚才从普罗泰戈拉那里听到的这些话真是太神奇了。我过去曾经认为好人不会通过凡人的实践来变好，而现在我信服了，有这样的实践，但是还有一个小小的障碍，我肯定普罗泰戈拉会做解释的，【329】因为他已经做了那么多解释。现在，你能听到一篇与此相仿的讲话，来自伯里克利或其他雄辩的演说家，如果你碰巧正好在场，而他们中的某个人在谈论这个主题。但若试着向他们中的某个人提问，他们就不能回答你的问题，或者就像一本书似的不会提出它自己的问题。针对他们讲话中的一些小事情提问，他们就像一些铜碗，被敲打以后就会长时间地发出响声，直到你用手捂住它们。【b】这就是这些演说家的作为：向他们提出一个小问题，他们就会发表长篇演说。但是在这里的普罗泰戈拉不一样，尽管他完全有能力发表一篇美妙的长篇演讲，如我们刚才所见，但也有能力简略地回答问题，他能够提问，然后等待和接受回答——这些都是罕见的造诣。

"现在，噢，普罗泰戈拉，我想要的东西不多了，只要你回答了我的一个小问题，我想要的就全都有了。你说美德可教，【c】如果说有什么人能够说服我接受这个看法，那么这个人就是你。但是你说的有一件事情让我有点困惑，也许你能让我的灵魂感到满足。你说宙斯把公正和

---

①　指伯里克利之子帕拉卢斯和克珊西普。

羞耻感赐予人类。在你的演讲的许多地方，你还说公正、自制①、虔诚，以及所有这些东西都可以合成一样东西：美德。【d】你能把这一点再说一遍，说得更加准确吗？美德是以公正、自制和虔诚为组成部分的一样东西吗，或者说，我刚才提到它们名称的这些东西全都是一个实体？仍旧让我感到好奇的就是这一点。"

"这是一个很容易解答的问题，苏格拉底，"他答道。"美德是一个实体，你正在问的这些东西都是它的部分。"

"部分，就像脸的部分那样：嘴巴、鼻子、眼睛、耳朵，是吗？或者像金子的部分那样，部分与部分、部分与整体之间，除了大小不同，其他没有什么差别？"

【e】"我想，是前一种意义，苏格拉底，就像脸的部分，对整张脸而言。"

"那么，请你告诉我，是有些人拥有一个部分，有些人拥有另一个部分，还是，如果你拥有它们中的任何一个部分，你必定拥有所有部分？"

"决非如此，因为许多人是勇敢的，但却是不公正的，还有许多人是公正的，但却不是智慧的。"

"那么这些东西也是美德的部分吗——智慧和勇敢？"

【330】"绝对是，智慧确实是美德的最大部分。"

"每一部分都与其他部分不同吗？"

"对。"

"每个部分都有它自己独特的力量或功能吗？以脸为例，眼睛和耳朵不同，它的力量或功能也不同，其他部分也是这样：它们在力量或功能方面，或者在其他方面，各不相同。【b】美德的部分是否也是这样？它们各不相同吗，无论是它们本身，还是它们的力量或功能？如果我们

---

① 此处的希腊词是"σωφροσύνη"。这个词有多种含义，包括自我节制、克制身体欲望、自我认识、判断力强、明智，等等。对柏拉图来说，σωφροσύνη 是一种综合的品德。

的类比有效，情况必定如此，这样说难道还不清楚吗?"

"是的，必定如此，苏格拉底。"

"那么，美德的其他部分没有一个与知识、公正、勇敢、节制、虔诚相同。"

"我同意。"

【c】"好吧，现在让我们总的来考虑一下这些事物是哪一类事物。首先有一个好问题：公正是一样事物，还是不是一样事物？我想它是一样事物。你怎么想?"

"我也这么想。"

"那么，下一步：假定有人问我们，'普罗泰戈拉和苏格拉底，告诉我你们刚才提到名字的这个事物，公正。它本身是公正的还是不公正的?'我的回答会是它是公正的。你会作出什么样的回答？和我的回答相同还是不同?"

"相同。"

"那么公正就是一类公正的事物。我会对提问者作出这样的回答。你也会这样回答吗?"

"会的。"

【d】"假定他再进一步问我们，'你们也会说有一样事物被称作虔诚吗?'我们会说我们会这样说，不会吗?"

"也会。"

"'你们说这样事物依其本性是不虔诚的还是虔诚的?'【e】对这个问题我本人会有点恼火，我会说，'嗨，你安静点！如果虔诚本身是不虔诚的，其他任何事物怎么能是虔诚的?'你会怎么说？你不也会以同样的方式作出回答吗?"

"绝对如此。"

"假定他下面继续问我们，'那么你们刚才是怎么说的？难道我听错了？我想你们俩说美德的部分是连在一起的，但没有一个部分与其他部分相同。'【331】我会回答说，'你听到的都没错，只有这一点我没有说。这是在这里的普罗泰戈拉回答我的问题时说的。'如果他说，'普罗泰戈拉，是这么回事吗？你说了美德的一个部分与另一部分不同吗？这是你的看法吗？'对此你该如何回答他？"

"我会承认，也必须承认，苏格拉底。"

"好吧，如果我们接受这一点，普罗泰戈拉，假定他下面继续提问，我们该怎么说，'那么，公正的事物不是虔诚的，虔诚的事物也不是公正的，是吗？或者说，公正是不虔诚的事物的，【b】虔诚是不公正的事物的，因此它是不公正的，而公正是不虔诚的，是吗？'我们该怎么对他说呢？就我个人而言，我会回答说公正是虔诚的，虔诚也是公正的，我也会代表你作出同样的回答，如果你允许，公正与虔诚是一回事，或者说它们非常相似，我特别要加以强调的是，公正是像虔诚那样的同一类事物，虔诚也是像公正那样的同一类事物。你怎么想？你会否决这种回答，还是会同意这种回答？"

【c】"噢，苏格拉底，说我承认公正就是虔诚、虔诚就是公正，在我看来事情不是那么绝对清楚。这里似乎有一种差别存在。但这种差别又是什么呢？不过，要是你愿意，我们就让公正是虔诚、虔诚是公正好了。"

"别这样对待我！我想要考察的不是愿意不愿意、同意不同意的问题。我想要的是你和我一道沿着这条路线进行考察，我想，如果我们把'如果'、'要是'这些词都剔除了，我们的论证就会得到最好的检验。"

【d】"那好吧，行。公正确实与虔诚有某些相似的地方。毕竟任何事物都会以某种方式与其他事物相似。以某种方式，白与黑相似，硬和软相似，其他所有各种通常对立的事物莫不如此。就连我们刚才说的那些有着不同力量或功能，【e】但并不属于同一类的事物——脸的部分——也会以某种方式相互之间显得相似。所以，按照这种方法，如果你愿意，你可以证明这些事物相互之间也都是相同的。但是，若是因为它们具有某些相同的地方，无论这些相同的地方有多么细微，就把它们称作相同，或者由于它们之间有某些细微的不同之处，就把它们称作不同，那就不对了。"

我吓了一跳，对他说："噢，你认为公正和虔诚之间的关系就是这样的吗，它们之间确实只有某些细微的相同之处吗？"

【332】"不完全这样，但似乎也不像你所认为的那样。"

"那么，好吧，由于在我看来，你似乎对此有点反感，那就让我们放弃它，考虑你提出来的另一个要点。你认为有愚蠢这样一种东西吗？"

"有。"

"与它完全对立的东西不就是智慧吗？"

"好像是的。"

"当人们正确而有益地行事时，在你看来他们是在有节制地行事，还是与此相反？"

"有节制地行事。"

"那么，是由于有节制，他们才有节制地行事吗？"

【b】"必定如此。"

"那些不能正确地行事的人行事愚蠢，那些以这种方式行事的人不节制地行事，是吗？"

"我同意。"

"愚蠢地行事的对立者是有节制地行事吗？"

"是的。"

"愚蠢的行为是带着愚蠢进行的，正如有节制的行为是带着节制进行的，是吗？"

"是的。"

"如果某件事情是带着力量去做的，那么这件事强有力地完成了；如果是带着无力去做的，那么这件事做得很无力，是吗？"

"我同意。"

"如果带着快捷做某事，那么这件事很快地完成了；如果带着缓慢，那么这件事做得很慢，是吗？"

"是。"

【c】"所以，以某种方式做任何事情，这些事情的完成都有某种性质，以对立的方式做任何事情，它的完成也都有对立的性质，是吗？"

"我同意。"

"那就让我们继续。有美这样的东西吗?"

"有。"

"除了丑,还有什么东西与它对立吗?"

"没有。"

"有善这样的东西吗?"

"有。"

"除了恶,还有什么东西与它对立吗?"

"没有。"

"有高音这样一种东西吗?"

"有。"

"除了低音,还有什么东西与高音对立吗?"

"没有。"

【d】"所以,一样东西可以有一个对立者,只有一个对立者,没有许多个对立者,是吗?"

"我同意。"

"假定我们现在需要数一下我们都同意的观点。我们都同意一样东西有一个对立者,没有多个对立者,是吗?"

"是的,我们同意了。"

"以对立的方式做事情,它们在完成时也是对立的吗?"

"是的。"

"我们已经同意,愚蠢地完成了的事情以某种方式与有节制地完成了的事情对立,是吗?"

"我们同意。"

"有节制地做事情是依据节制来做事,愚蠢地做事情是依据愚蠢来做事,是吗?"

"同意。"

【e】"如果它是以一种对立的方式来做的,那么它是依据对立的那个东西来做的,对吗?"

"对。"

"一件事情依据节制来做，另一件事情依据愚蠢来做，是吗？"

"是的。"

"以一种对立的方式？"

"是的。"

"依据对立的东西？"

"是的。"

"那么，愚蠢是节制的对立者，对吗？"

"好像是这样的。"

"那么好吧，你记得我们前面同意过愚蠢是智慧的对立者吗？"

"是的，我记得。"

"一样东西只有一个对立者吗？"

"当然。"

【333】"那么在这些命题中我们应该抛弃哪一个命题，普罗泰戈拉？一样事物只有一个对立者，还是我们说过的智慧与节制不同，它们各自都是美德的部分，还有，由于有差别，它们是不同的，它们自身不同，它们的力量或功能也不同，就像脸的部分那样？我们应该抛弃哪个命题？这两种说法似乎不太合拍，【b】相互之间不能和谐。如果一样事物只有一个对立者，而愚蠢是一样事物，它显然有两个对立者，节制和智慧，这如何可能呢？不是这么回事吗，普罗泰戈拉？"

他表示同意，尽管非常犹豫，我继续说道：

"节制和智慧难道就不能是一样事物吗？前不久，公正和虔诚看起来几乎就是同样的事物。来吧，普罗泰戈拉，我们现在不能放弃，不能在我们把这些松散的头绪理清之前半途而废。所以，我要问你，某个行事不公正、但似乎有节制的人，在你看来他行事不公正吗？"

【c】"说这样的话我会感到羞耻，苏格拉底，尽管许多人这样说。"

"那么我应当对他们说话，还是对你说话？"

"如果你愿意，为什么不首先驳斥一下大多数人的看法呢？"

"我无所谓，只要你能作出回答，无论是你自己的看法，还是别人的看法。我最主要的兴趣在于考察这个论证，尽管正好是我在提问，而你在回答，但我们同样都要接受考察。"

【d】普罗泰戈拉起初有点腼腆，说这个论证对他来说太难把握，但过了一会儿，他同意回答。

"那就让我们从这个问题重新开始，"我说，"你认为有些人在行事不公正的时候能是明智的吗？"

"让我们假定是这样吧。"他说。

"你用'明智'这个词的意思是有良好的判断力吗？"

"是的。"

"有良好的判断力意味着在行事不公正时有良好的判断吗？"

"就算是吧。"

"靠着不公正地行事，他们是否得到良好的结果？"

"仅当他们得到良好的结果，他们才会不公正地行事。"

"那么，你是说这里还是有些好东西的，是吗？"

"是的。"

"这些好东西组成了对人们有益的东西，是吗？"

【e】"神灵在上，是的！哪怕它们对人无益，我仍旧会说它们是好的。"

我能看出普罗泰戈拉这会儿真的有点跟我较劲了，他在努力抗拒回答更多的问题。于是，我小心翼翼地修饰了我提问时的腔调。

"普罗泰戈拉，你指的是对人无益的事物，还是没有任何益处的事物？你把这样的事物称作好的吗？"

【334】"当然不是，"他说，"但我知道有许多东西对人是无益的，食品、饮料、药物，以及其他东西，而有些东西是有益的；还有一些东西对人既无益又无害，但对马却有益或有害；还有一些东西只对牛有益；有些东西只对狗有益；有些东西对这些动物都无益，但对树木有益；【b】有些东西对树根来说是好的，但对幼苗来说是坏的，比如粪肥，如果施在根部，那么对所有植物都是好的，但若施在叶子或幼苗上，就会完全摧毁它们。或以橄榄油为例，它对所有植物都是极坏的，它也是除了人以外的一切动物毛发的最糟糕的敌人，而它对人的头发是有益的，

就像它对人的身体的其他部分有益一样。但是，好的形式多种多样，
【c】就拿油脂来说，它对人体的外部是好的，它对人体的内部是很坏
的，就是由于这个原因，医生普遍禁止他们的病人在食物里放很多油，
只能加一点点，只要能够消除食物或调料中的异味就可以了。"

听众对普罗泰戈拉的这番话报以热烈的掌声，等到掌声完全平息下
来的时候，我说：【d】"普罗泰戈拉，我好像有点健忘，如果有人对我
发表长篇大论，我就会把演讲的主题给忘了。现在，就当我有点耳聋，
而你在跟我谈话，你会想你最好还是对我大声说话，比对别人说话时更
响。以同样的方式，你现在碰上一个健忘的人，如果要让我跟得上你，
你必须简短地作出你的回答。"

"你到底要我的回答有多短？比必要的还要短吗？"

"绝非如此。"

"和必要的一样长吗？"

【e】"是的。"

"那么，我的回答应当和我认为必要的一样长，还是和你认为必要
的一样长？"

"好吧，我听说，当你就某个主题在开导别人的时候，【335】你能
够长篇大论，如果你选择这样做的话，从来不会偏离主题，你也能简洁
明了，无人能够比你更简洁。所以，如果你想继续和我谈话，请使用后
一种表达方式，简短。"

"苏格拉底，我曾经和许多人进行过舌剑唇枪的比赛，如果我接受
你的要求，按照我的对手的要求去做，我就不会被认为优于其他任何人
了，普罗泰戈拉这个名字也就不会在希腊家喻户晓，人人皆知了。"

【b】我能看出他对他前面的回答感到不舒服，不愿意在这场辩证的
讨论中继续回答问题，所以我想我和他一起进行的工作该结束了，于是
我说："你知道，普罗泰戈拉，我们这一轮谈话没有按照你认为应当的
方式进行，我本人也不太高兴。但凡你愿意主持一场以我能跟得上的方
式进行的讨论，我会参加，与你一起交谈。人们说——你自己也这样
说——你在讨论事情的时候，【c】既能长篇大论，又能简洁地讲话。毕

竟，你是一位聪明人。但是我不具有发表长篇演讲的能力，尽管我希望自己有这种能力。所以，事情取决于你，你能长能短，迁就我吧，使这场讨论能有机会。但若你不愿意，而我也还有别的事要去忙，不能待在这里听完你的长篇大论——我确实要去其他地方——所以我现在就要走了。尽管我能肯定，能够听完这些演讲是一件美事。"

【d】说完这些话，我起身离去，但就在这个时候，卡里亚把我拦住，用右手抓住我的手腕，用左手抓住我穿的这件外衣。"我们不让你走，苏格拉底，"他说道，"没有你，我们的谈话就不会是这个样子了，所以请你留下，和我们在一起，我求你了。没有别的什么能比你和普罗泰戈拉之间的争论使我更想听了。请你一定让我们大家的这个愿望得到满足。"

【e】此时我已经站了起来，好像真的要离开了。我说："希波尼库之子，你对智慧的热爱一直令我尊敬，而此时此刻，我尤其感到荣耀和亲近。如果你的要求是我能够做到的，那么我一定会尽量满足你。然而，现在的情形就好像你要求我赶上那位获得冠军的来自希墨腊①的短跑运动员克里松②，或者像是要我和那些长跑运动员进行竞赛，或者要我大步行走，敌得上那些整日里行走的递送快信的人。【336】除了说我比你更希望自己能够这样做，我还能说什么呢，只不过我确实赶不上这些赛跑运动员的步伐，如果你想观看我和克里松一起跑步，那么你必须要求他放慢速度，跑得跟我一样慢，因为我跑不快，而他却能慢跑。所以，如果你打定主意想听普罗泰戈拉和我谈话，那么你现在必须要求他回答我的问题，【b】就像他一开始那样——简洁。如果他不这样做，我们的对话又怎么能够进行呢？在我个人看来，对话中的相互交流与公开演讲是相当不同的。"

"但是，你瞧，苏格拉底，普罗泰戈拉也有他的想法，他说过，应当允许他以他认为恰当的方式来主导这场讨论，他想要得到的许可决不

---

① 希墨腊（Ἱμερα），希腊城邦名，位于西西里岛北部海岸。

② 克里松（Κρίσων），人名。

亚于你。"

就在这个时候，阿尔基比亚德站起来说："你这样说没有任何意义，【c】卡里亚。苏格拉底承认自己无法把握长篇讲话，也承认普罗泰戈拉在这方面比他强。但是在进行辩证的讨论、理解已有论证、进行新的论证的时候，如果普罗泰戈拉拒绝这样做，那么我会感到惊讶。现在，要是普罗泰戈拉承认自己在辩证法方面比苏格拉底差，那么这对苏格拉底来说就足够了。但若普罗泰戈拉对此提出质疑，那就让他进行一问一答式的对话，不要在每一次作出回答时发表冗长的讲话，把讨论中遇到的各项事端搅混，【d】因为他并不想把问题理清楚，直到大部分听众都忘了所要讨论的问题是什么，尽管我向你们保证，苏格拉底是不会忘记的，他说自己得了健忘症是在开玩笑。所以，我认为苏格拉底在这场争论中处于比较强的地位。我们中的每个人必须弄清他本人的见解。"

我想，接着阿尔基比亚德说话的是克里底亚，他说："好吧，普罗狄科和希庇亚，【e】卡里亚好像明显地偏袒普罗泰戈拉，而阿尔基比亚德像平常一样想要出风头。但是我们中的任何人都不需要对苏格拉底或普罗泰戈拉进行党派性的支持。相反，我们应当联合起来请求他们双方不要过早地结束我们的聚会。"

【337】下面说话的是普罗狄科。他说："你说得很好，克里底亚。旁听这种讨论的人必须公正地聆听两位对话人的讲话，但这种公正不是平等对待。二者是有区别的。我们必须公正地聆听，但不会给予平等的关注：比较多的关注应当给予比较聪明的谈话人，比较少的关注给予不那么聪明的谈话人。【b】在我看来，你们俩必须就这些问题展开争论，但是不要争吵。朋友间的相互争论是善意的，而争吵在相互敌对的人中间发生。以这样的方式，我们的聚会才能有魅力，对你们这些谈话人来说，你们肯定能赢得我们这些聆听者的好评，而不是赞扬。因为好评真诚地内在于听众的灵魂，而赞扬经常只是欺骗性的口头表达。【c】还有，我们这些人，作为你们的听众，会得到极大的愉悦，但不是得到满足，因为通过学习某些事情和参与某种理智活动可以感到愉悦，这是一种心灵状态；而得到满足不得不与吃东西有关，或者经历身体的其他某

些快乐。"

　　普罗狄科的评论被我们中的大多数人热情地接受了，然后，聪明的希庇亚说："先生们，我把你们这些在场的人全都当作我的亲戚、【d】密友和同胞公民，这是依据本性来说的，而非依据习俗。因为依据本性，那么同类相聚，而习俗是人类的僭主，经常违背本性约束我们。然而，我们是可耻的，因为我们理解事物的本性——我们这些人是希腊人中最聪明的，现在有幸来到这座城市，这所名副其实的智慧的殿堂，聚集在城中最大、最庄严的房子里——【e】但却不能，我要说，创造出与所有这些尊严相配的东西，而是相互斗嘴，就好像我们是社会的渣滓。因此，我恳求你们，向你们提建议，普罗泰戈拉和苏格拉底，你们和解吧，接受我们的仲裁。【338】你，苏格拉底，如果普罗泰戈拉不适应简洁的问答，那么你一定不要过分坚持简洁的讨论，你可以放慢讨论的节奏，让我们也能更多地感受到讨论的庄严和优雅。还有你，普罗泰戈拉，一定不要在大风劲吹时扬满船帆出海航行，把大地留在远处，自己消失在修辞的汪洋大海之中。【b】你们双方都要折衷一下。所以，这就是你们要做的事，接受我的建议吧，挑选一个人做裁判、调解人，或者监督人，使你们的发言长度保持适中。"

　　在场的每一个人都认为这是一个好主意，表示支持。卡里亚说他本来就不愿意让我走，他们要求我选一名裁判。我说，挑选一个人来裁决我们的讲话是不适宜的。"如果选中的这个人比我们差，那么让比较差的人来裁决比他强的人是不对的。如果他和我们水平相当，那么让他当裁判仍旧不合适，【c】因为他也会和我们一样行事，让他当裁判实在是多此一举。那么，选一个比我们强的人当裁判？说实话，我认为你们要想选出一个比普罗泰戈拉还要聪明的人是不可能的。如果你们选了一个并不比他强的人，但却宣称他比普罗泰戈拉强，那么这是对普罗泰戈拉的侮辱。普罗泰戈拉不是一个无足轻重的人，你们可以给他指定一位监督人。而对我来说，我无所谓，怎么办都可以。由于你们关心这场聚会和正在进行的这些讨论，【d】要让它能够继续下去，我想这么做。如果普罗泰戈拉不愿回答问题，那就让他提问，让我来回答，同时我会尝试着告诉他我认为问题该如何回答。等我回答完他想要提出的所有问题，到那时再让他尝试着以同样的方式向我解释。所以，要是他还没有做好准备，愿意回答提出的各种问题，你们和我可以紧急地联合起来恳求他，就像你们恳求我一样，别把这场聚会给糟蹋了。【e】这样做不需要选一位监督者，因为你们全都是监督者。"

大家都同意应该这样做。普罗泰戈拉本来不想参加，但他不得不同意我的建议，由他来提问，等他问题提够了以后，再进行简短的回答。

【339】于是，他开始提问，他大体上是这样说的："在我看来，苏格拉底，人的教育的最大部分是掌握诗歌，这样说我指的是理解诗人用词的能力，知道什么时候一首诗正确地创作了，什么时候没有正确地创作，知道如何分析一首诗，回应与它相关的问题。所以，我现在提出来的这些问题的线索仍旧涉及我们当前讨论的主题，亦即美德，只不过转移到了诗歌领域。西摩尼得在一首诗中对帖撒利①的克瑞翁②之子斯科帕斯③说：【b】'一个人要变好真的很难，手脚和心灵都要循规蹈矩，他的成长方能不受指责……'④ 你知道这首抒情诗，还是要我把它全都背出来？"

我告诉他没有这种必要，我知道这首诗，并且正好特别关注过这首诗。

"好，"他说，"那么，你认为这首诗写得好不好？"

"写得很好。"

"如果诗人自相矛盾，你也认为它写得很好吗？"

"不。"

【c】"那么，你看仔细些。"

---

① 帖撒利（Θετταλία），地名。

② 克瑞翁（Κρέον），人名。

③ 斯科帕斯（Σκόπας），人名。

④ 此处引文原为诗歌。由于柏拉图在下文中对这几句诗要作逐字逐句的详细分析，因此译者在正文中将原诗含义详细译出，无法顾及诗体。

"我说过，我对它已经相当熟悉。"

"那么你一定知道在这首诗后来的某个地方，诗人写道：'庇塔库斯①的格言也不合拍，无论他有多么聪明。他说，要做一个好人是难的。'"

"你认得出来吗，这些诗句是同一个人写的?"

"我认得出来。"

"噢，你认为后面那段诗和前面那段诗一致吗?"

"在我看来好像是一致的，"我说道（但我这样说的时候有点担心，怕他有什么特别用意）。"在你看来不是这样的吗?"

【d】"有谁会说这两段诗中讲的事情是一致的? 首先，他说自己认为一个人要真的变好很难，然后，在稍后一点的地方他忘了自己原先说过的话，批评庇塔库斯，而庇塔库斯说的意思和他自己说的意思是一样的，做一个好人很难，他拒绝接受庇塔库斯的看法，而这也就是他自己的看法。然而，他指责与自己说过同样话的人，显然也就是在指责他自己，所以，要么前面这个说法是不对的，要么后面这个说法是不对的。"

【e】普罗泰戈拉这番妙语博得听众的阵阵掌声。一开始，我感到自己就像遭到一名优秀拳击手的痛打。在普罗泰戈拉的演讲术和其他人的喧嚣面前，我头晕目眩，眼前一片黑暗。后来，对你说实话，我镇定下来，思索了一下这位诗人的意思，我转向普罗狄科，喊他的名字，"普罗狄科，"我说，【340】"西摩尼得是你的同乡，不是吗? 你有义务来拯救他，所以我不在意请求你的帮助，就像荷马说的那样，斯卡曼德②请求西谟伊斯③的帮助，当时他被阿喀琉斯④围困：'亲爱的兄弟，让我们一起阻遏这位英雄的神力。'⑤所以，我也请求你的帮助，免得我们这位

---

① 庇塔库斯（Πιττακὸς），人名。

② 斯卡曼德（Σκάμανδρος），河神名。

③ 西谟伊斯（Σιμόις），河神名。

④ 阿喀琉斯（Αχίλλειος），荷马史诗中的大英雄。

⑤ 荷马：《伊利亚特》21：308。

令人闻风丧胆的普罗泰戈拉摧毁西摩尼得。【b】而且，说实话，普罗狄科，复原西摩尼得的意思确实需要你的特殊技艺，刚才你就用这种技艺区别了'想要'和'欲求'，还有其他一些语词。所以，告诉我你是否同意我的建议，因为在我看来，西摩尼得是否自相矛盾是不清楚的。把你的看法现在就告诉我们。'变'① 和'是'② 是相同的，还是不同的?"

"神灵在上，是不同的。"

"好吧。那么，西摩尼得在第一段诗中宣称他自己的看法是，一个人要变好真的很难。"

【c】"对。"普罗狄科说。

"然后他批评庇塔库斯没有说出和他相同的意思，如普罗泰戈拉所认为的那样，而是说了其他不同的意思。因为庇塔库斯没有说'变'好是难的，如西摩尼得所说，而是说'做'好人是难的。如普罗狄科所说，'做'和'变'不是一回事，普罗泰戈拉。【d】如果它们不是一回事，那么西摩尼得并不自相矛盾。普罗狄科和其他许多人也许会同意赫西奥德的看法，'变'成好人是难的：'诸神使那些在通往善德的道路上行走的人流下汗水，但是，一旦达到善德的顶峰，尽管还会遇到困难，但以后的路就容易走了。'③

听了这些话，普罗狄科为我鼓掌，但是普罗泰戈拉说："苏格拉底，你复原的西摩尼得有一个会带来严重后果的错误，比你想要矫正的错误更大。"

"噢，我的复原工作做得很糟糕，"我说道，"我是一名可笑的医生，我的治疗比疾病本身还要坏。"

"对，就是这样。"他说。

【e】"怎么会这样呢?"我说。

"大家都同意拥有美德是这个世上最难的事，在这种时候，如果这

---

① 变（γενέσθαι）。

② 是（εἶναι），在下面亦译为"做"。

③ 赫西奥德：《工作与时日》，第 289 行。

位诗人说拥有美德无关紧要，那就极大地表现了他的无知。"

然后，我说："天神在上，普罗狄科参加我们的讨论真是太及时了。【341】普罗泰戈拉，普罗狄科的智慧很可能具有古代的和神圣的起源，可以返溯到西摩尼得的时代，甚至更早。尽管你的经验非常广泛，但似乎不能延伸到智慧这个部门，而我作为普罗狄科的学生受到了这方面的教育。所以现在看来，你并不明白西摩尼得使用'难'这个词和你使用这个词的意思不一样。每当我用 δεινοῦ① 这个词来赞扬你或其他人的时候，普罗狄科会用相同的方式来矫正我，【b】比如说，'普罗泰戈拉是个极为聪明的人'。当我这样说的时候，他问我把好事物称作 δεινοῦ 不感到羞耻吗。因为 δεινοῦ 就是坏。没有人会说'坏的富裕'或'坏的和平'，而会说'坏的疾病'、'坏的战争'、'坏的贫困'。所以，开奥斯人和西摩尼得当时也许把'难'这个词理解为坏，或者理解为你不知道的其他意思。让我们来问一下普罗狄科。【c】要询问西摩尼得的方言，问他算是问对了人。普罗狄科，西摩尼得说的'难'是什么意思？"

"坏。"

"就是由于这个原因，他批评庇塔库斯说'做一个好人是难的'，就好像他听到庇塔库斯说'做一个好人是坏的'。对吗，普罗狄科？"

"你以为西摩尼得还能有其他什么意思吗？"普罗狄科说，"他正在责备庇塔库斯不懂得如何恰当区分意义，庇塔库斯来自列斯堡②，在一种野蛮的方言中长大。"

【d】"好吧，普罗泰戈拉，你听到普罗狄科说的话了。你还有什么要回应的吗？"

"你完全搞错了，普罗狄科，"普罗泰戈拉说。"我肯定西摩尼得说的'难'的意思与我们是一样的；它的意思不是'坏'，而是不容易，要作出许多努力才能完成。"

---

① δεινοῦ，英译为 terrible，有可怕的、极度的、极坏的、很糟的、厉害的等意思，在俚语中也有极好的、了不起，等等含义。

② 列斯堡（Λέσβιος），地名。

"噢，不过，我也这么认为，普罗泰戈拉，"我说。"这就是西摩尼得的意思，普罗狄科明白这一点。他刚才是在开玩笑，想要考验一下你为自己的陈述辩护的能力。【e】西摩尼得说的'难'不是'坏'的意思的最佳证明可以在下一句诗中找到，这句诗是：'只有神能拥有这种特权。'他完全不可能先说做一个好人是坏的，然后再说只有神有这种特权。普罗狄科会因此而把西摩尼得视为一个堕落的人，【342】根本不像开奥斯人。但是，如果你愿意考验一下我对诗歌的把握（用你的话来说），我想告诉你我对西摩尼得这首诗的目的是怎么想的。如果你不愿意，我会听你说。"

听了我的话，普罗泰戈拉说："你想说，你就说吧，"然后普罗狄科、希庇亚，以及其他一些人也怂恿我说。

"那么好吧，"我说，"我会尝试向你们解释我对这首诗是怎么想的。首先要说的是，哲学有她最古老的根源，【b】并在克里特① 和拉栖代蒙② 的希腊人中广泛传播，那些地区也集中了世上最多的聪明人。但是当地人否认这一点，伪装成无知者，以掩盖正是由于他们的智慧，他们才是希腊世界的领导者这一事实，这种情形就像普罗泰戈拉刚才谈论过的智者一样。他们的公开形象是擅长打仗的武士，在这方面比其他人优越，他们想要加深人们对他们的这种印象的原因是，如果他们的优点的真正基础，亦即智慧，为人们所知，那么每个人都会开始培养这种能力。这是一项顶尖的秘密，连那些居住在其他城邦的斯巴达人的部落也不知道，【c】所以你们看到几乎所有人的耳中都充斥着这样一些言谈，说斯巴达人手戴皮手套，身穿羊皮短裤，疯狂地进行军事训练，就好像斯巴达的政治权力依赖的就是这些东西似的。当斯巴达的公民想要有某些隐私，能够自由地、公开地与他们的智者讨论问题时，他们就疏远镇上那些斯巴达化了的外邦人和外国人，不让世上其他人知道他们的秘密聚会。【d】因此，他们的年轻人不会忘记自己所学的东西，但他们不允

①　克里特（Κρήτη），地名。

②　拉栖代蒙（Λăκεδαίμων），地名，即斯巴达（Σπάρτη）。

许自己的青年去其他城邦旅行（克里特人也不允许）。在克里特和斯巴达，不仅男人，还有妇女，都为他们的教育感到自豪。你们知道该如何检验我的论点是否真实吗，斯巴达人在哲学和争论方面受到过最好的教育？【e】随便找一个普通的斯巴达人，跟他谈一会儿。你们会发现，一开始他几乎不能把握谈话的目的，但若进到谈话的某些关键点，他会像一名优秀的弓箭手那样一箭中的，他会进行简要的评价，让你们永远不会忘记，而与他谈话的人在这种时候都像是无助的婴儿。敏锐的观察者很早就知道这一点了：做一名斯巴达人就是要做一名哲学家，【343】远远超过要做一名运动员。他们知道，能说出这样的话来，就标志着他是一名完善的受过教育的人。我们谈论过米利都①的泰勒斯②、米提利尼③的庇塔库斯、普里耶涅④的彼亚斯⑤、我们自己的梭伦⑥、林杜斯⑦的克莱俄布卢斯⑧、泽恩⑨的密松⑩这样一些人，第七位就是拉栖代蒙的喀隆⑪。他们全都仿效、崇拜和学习斯巴达文化。【b】你们可以看到，他们精辟的格言和警句体现了这种独特类型的斯巴达智慧，他们都把他们的智慧的最初成果奉献给德尔斐的阿波罗神庙，把'认识你自己'、'切勿过度'这样一些格言篆刻在那里，这些格言现在几乎被所有人挂在嘴上。

"我说的要点是什么？古代哲学的典型风格就是拉科尼亚式的⑫简

---

① 米利都（Μιλήσιος），地名。

② 泰勒斯（Θαλῆς），人名。

③ 米提利尼（Μυτιλήναῖος），地名。

④ 普里耶涅（Πριηνεὺς），地名。

⑤ 彼亚斯（Βίας），人名。

⑥ 梭伦（Σόλωνος），人名。

⑦ 林杜斯（Λίνδιος），地名。

⑧ 克莱俄布卢斯（Κλεόβουλος），人名。

⑨ 泽恩（Χηνεύς），地名。

⑩ 密松（Μύσων），人名。

⑪ 喀隆（Χίλων），人名。

⑫ 拉科尼亚（Λάκωνιος）是希腊伯罗奔尼撒半岛上的一个城邦。该地人讲话简洁明了，后世遂将拉科尼亚式的讲话作为简洁、精练的代名词。

洁。【c】在这种语境下，庇塔库斯的这句格言——做一个好人很难——在私下里广为流传，也赢得了贤人们的赞同。所以，雄心勃勃、想要获得哲学名望的西摩尼得认为，如果能够成功地打倒和推翻这句格言，就像一名摔跤手，或者把这句格言表达得更好，那么他自己就能成为那个时代的名人。所以他创作了这首诗，有意识地攻击这句格言。我的看法就是这样。

"现在让我们一起来检验我的假设，看我说的是否正确。【d】如果这位诗人全部想要说的意思是'变成一个好人是难的'，那么这首诗的开头就变得不可思议了，因为他在这里添加了一个表示对立的连接词。① 除非我们假定西摩尼得正在把庇塔库斯的格言当作对手在说话，否则这样做就没有意义。庇塔库斯说，做一个好的人很难；而西摩尼得驳斥说，'不对，【e】要变成一个好人才是难的，庇塔库斯，真的'。请注意，他没有说'真的好'，他也不是在某些事物是真的好，其他事物是好的，但并非真的如此在这样的语境下谈论真。要是这样的话，会产生一种天真的印象，不像是西摩尼得要说的意思。'真的'这个词在诗句中的位置一定是倒装的。我们必须想象庇塔库斯在说话，西摩尼得在回答，用这种方法来理解这句格言，【344】就好像庇塔库斯说，'噢，先生，要做好人很难。'西摩尼得答道，'你说的不对，庇塔库斯，不是做好人难，而是变成一个好人难，因为一方面他的手脚和心灵都得循规蹈矩，另一方面他的成长也要不受指责，这才是真的难。'按这种方式，添加'一方面'这个连接词就变得有意义了，而'真的'这个词放在句尾也就正确了。后续的诗句都明显有利于我这种解释。这首诗有很多细节，【b】表明了它的优点；确实，这首诗风格优雅，构思缜密，但要依据这样的解释考察全诗，就得花费很长时间。所以让我们换个方式，只看一下它的整体结构和它的意向，它从头到尾都是为了驳斥庇塔库斯的

---

① 这个连接词是 ὥσπερ，意思是"一方面，……而另一方面"，但是苏格拉底没有引用后一句诗，这句诗也没有保存下来，所以我们无法确知这里表达的是哪一种意义上的对立。

格言。

"几行诗以后，他说（想象他正在讲话）：要变成一个好人真的很难，
【c】尽管短时间做好人是可能的，但要持续处于这种状态，一直做好
人，如你所说，庇塔库斯，那是不可能的，是凡人做不到的。只有神才
有这种特权，'而人不可避免地是坏的，一旦无法改变的厄运降临就会
被抛弃。'

"说吧，无法改变的厄运一旦降临在一条船上，谁会被抛弃？显然
不是那些普通乘客，他们总是轻易受到他人的影响。你无法把一个已经
躺在地上的人打倒，【d】而只能把站着的人打倒，让他躺倒在地。同理，
无法改变的厄运可以抛弃那些能干的人，而不能抛弃那些始终没有能力
的人。狂风暴雨可以使舵手变得无能，坏的季节可以使农夫一无所获，
医生也会遇到同样的事。好的事物很容易变成坏的，如另一位诗人所
说，'好人有时候是坏的，有时候是好的'，但是坏的事物不容易变成坏
的，因为它始终是坏的。因此，当无法改变的厄运降临到一个能干的、
【e】聪明的、善良的人身上时，他必定'不可避免地是坏的'。庇塔库
斯，你说'做一个好人很难'，实际上，要变成一个好人才是难的，变
好还有可能，但要'是'一个好人是不可能的。'事情顺，每个人都好；
事情不顺，每个人都坏。'那么，从字面上说，什么是事情顺呢？什么
事情能使人成为好人呢？【345】显然是通过学习。什么样的事情能顺利
造就一名好医生呢？显然是学习如何治病。'事情不顺，每个人都坏。'
那么，谁会成为一个坏医生呢？很清楚，他首先要是一个医生，其次他
要是一个好医生。他实际上会变成一个坏医生，而我们这些对医学一知
半解的人决不会由于事情不顺而变成医生，在建筑或其他职业中也一
样，【b】我们成不了木匠或其他行家。如果一个人不能因为事情不顺而
成为医生，那么他显然也不能成为一名坏医生。以同样的方式，随着时
间的流逝，好人也可以逐渐变坏，或者由于艰辛，疾病或其他真正不顺
的境况而变坏，这就是知识的缺失。但是坏人决不可能变坏，因为他一
直都是坏的。如果他要变坏，【c】那么他首先必须变好。所以，诗歌的
这一部分要讲的道理就是，做一个好人并继续保持这种状态是不可能

的，但是一个人，这同一个人有可能变好，也可能变坏，那些最好的人是众神永远喜爱的。

　　"所有这些都是针对庞塔库斯而言，而下面几行诗讲得更加清楚：'在短促的人生中进行无望的探索，寻求一件不可能的事情，但我决不会陡然放弃。我想要在那些采摘大地成熟果实的人中间找到一位不受任何指责的人。等我一发现，我就会告诉你。'【d】你们瞧，这些话多么有力，整首诗都在不断地批评庞塔库斯的格言：'我赞扬和热爱所有那些自愿不作恶的人。甚至众神也在努力反抗必然的命运。'说这些话也是出于同样的目的。因为，西摩尼得不是那么无教养，【e】乃至于会说他赞扬一切自愿不作恶的人，就好像有人自愿作恶似的。我本人确信无疑，没有一个聪明人会相信有人自愿犯错误，或自愿做任何错事或坏事。他们非常明白，任何人做错事或做坏事都是不自愿的。所以，西摩尼得也一样，【346】他不是说他要赞扬那些自愿不作恶的人，倒不如说他把'自愿'这个词运用于他自身。他察觉到，一个好人，一个高尚的人，经常迫使自己去热爱和赞扬某些与他自己完全不同的人，比如与他疏远了的父亲、母亲和祖国。而位于相同处境下的无赖和恶棍会非常高兴地看到他们的父母和祖国碰上麻烦，会邪恶地加以揭露和斥责，【b】由此让他自己抛弃对他们应负的责任不会引起注意。这样的人实际上会夸大他们的抱怨，引发他人对父母和祖国的敌视，而好人会隐藏这种烦恼，强迫他们自己发出赞扬，就好比由于父母或祖国错误地对待他们，他们生气了，但他们让自己平静下来，心平气和地寻求和解，强迫自己去热爱和赞扬他们自己的民众。我想西摩尼得会不止一次地想起，他本人赞扬过一些僭主或其他诸如此类的人，这样做不是自愿的，而是被迫的。【c】所以，他正在对庞塔库斯说，庞塔库斯，我之所以要责备你，不是因为我喜欢挑剔，而是因为，'在我看来，那个人既不是坏的，又不是软弱的，而是心灵健全、懂得公义的，我不责备他，因为我不是一个喜欢责备的人，傻瓜的数量是无限的，'这里的含义是，爱挑剔的人会竭力责备他们，'任何人都不愿与傻瓜为伍。'【d】这里的意思不是白的不能与黑的混淆，这在许多场合下都是可笑的，而是他本人宁可接受介于二者之间的状态而不受指责。'我不寻找',他说,'一位不受任何指责的人,在那些采摘大地成熟的果实的人中间,但若我找到了这样的人,我就会告诉你。'这里的意思是,我从来不用这些话赞扬任何人,但我很乐意与一位不做任何错事的普通人在一起,因为我自愿地'赞扬和热爱所有人'——【e】请注意赞扬这个词的列斯堡方言形式,因为他正在对庇塔库斯讲话——'所有不作恶的人'(这是在'自愿'这个词前面应当停顿的地方),'自愿,我赞扬和热爱',但是对有些人我的赞扬和热爱是不自愿的。所以,如果你以一种合理的、真实的,甚至中庸的方式讲话,庇塔库斯,【347】我决不会责备你。但由于你对这个极为重要的问题发表了完全错误的观点,所以我要责备你。

"好吧,普罗狄科和普罗泰戈拉,"我总结说,"这就是我对西摩尼得撰写这首诗歌时的心境所作的解释。"

【b】然后希庇亚说,"你对这首诗的分析给我留下了很好的印象,苏格拉底。我本人也曾对它有过一番谈论,如果你愿意,我想讲给你听。"

"很好,不过还是换个时间吧,"阿尔基比亚德说,"现在该做的是,苏格拉底和普罗泰戈拉必须达成一致,如果普罗泰戈拉仍有问题要问,那就让苏格拉底回答,如果普罗泰戈拉作出别样选择,那就请他回答苏格拉底的提问。"

【c】然后我说,"我把这一点留给普罗泰戈拉去决定,如果他同意,我们干吗不把这个有关诗歌的主题搁下,返回我最初向他提出的那个问题?普罗泰戈拉,能与你共同探讨我非常乐意。讨论诗歌使我联想起许多二流的、普通人的宴饮。这些人没什么教养,靠喝酒聊天来娱乐,【d】还会花大钱请来女乐师,和着笛子的声音唱歌,在柔弱的颤音中寻求乐趣。但在高尚的、有文化的人参加的宴饮中,你看不到吹笛、弹琴和跳舞的姑娘,只要能和与自己一样的人相伴,他们就能享受乐趣,而无需那些肤浅的胡说八道。他们会用自己的嗓子参加严肃的讨论,或是说话,或是聆听,哪怕喝着酒也是如此。【e】我们的集会也一样,如果参加集会的人都像我们自己所声称的那样,那么我们并不需要新异的声音，哪怕是诗人的声音也不需要。没有人能够解释清楚诗人在说些什么，在许多场合，只要一讨论起诗歌来，有些人会说诗人是这个意思，有些人会说诗人是那个意思，根本无法对诗歌的主题作出总结性的概括。【348】最优秀的人会避免这样的讨论，而乐意使用他们自己的语言，鼓足勇气把自己的观点亮出来。我认为应当追随这样的人，把诗人扔在一边，用我们自己的语言来进行讨论。我们要加以检验的是真理和我们的心灵。如果你有问题要问，那么我已经作好了回答的准备；或者说，如果你愿意的话，你可以为我做同样的事，我们可以回到我们前面中断了的地方，尝试着得出结论。"

【b】说完这些，我又说了一些能起同样作用的话，但是普罗泰戈拉没有明确表示他想怎么做。所以，阿尔基比亚德看了卡里亚一眼说，"卡里亚，普罗泰戈拉不说清楚他愿意还是不愿意参加讨论，你认为他这样做好吗？我肯定不这么想。他应当要么说他参加，要么说他不参加，这样我们也就可以知道他的想法了，而苏格拉底能够开始讨论，或者其他人能够重起话题。"

【c】在我看来，阿尔基比亚德的这些话使普罗泰戈拉感到窘迫，更不必提卡里亚以及其他所有人的坚持了。到了最后，他吞吞吐吐地答应继续我们之间的对话。表明他做好了回答问题的准备。

"普罗泰戈拉，"我说，"我不希望你误解我和你谈话的动机，除了探讨那些长期令我困惑的问题，我没有其他目的。我认为，荷马说过【d】'两个人一起行走，一个人先拿主意，'① 这行诗说到了事情的要害。无论在行动中，还是在言语和思想上，若有人相伴就可以足智多谋。如果一个人有了自己的想法，他会马上环顾四周，直至找到另外一个人，对他说明自己的想法，从他那里得到确认。有一个特别的原因，使我宁可与你交谈，而不去找其他人：我认为你最有资格考察这类高尚的、【e】可尊敬的人必须考察的事情，尤其是美德问题。除了你，还能有谁呢？其他一些人自己是高尚的、善良的，但不能使别人成为这样的人，你和

① 荷马：《伊利亚特》10：224。

他们不同，你不仅认为自己是高尚的和善良的，而且也能使别人成为善良的，你对自己充满自信，因此不像其他人那样隐藏这种技艺，【349】而是公开向整个希腊世界广而告之，称自己是一名智者，突显你是一名美德的教师，第一个认为为此而收费是恰当的。因此，在考察这些问题的时候，我怎么能够不请求你的帮助，与我一道进行考察呢？舍此别无他途。

"所以，现在请你提醒一下我原先提出的问题，【b】从头开始。然后我再和你一道就其他一些问题进行考察。我相信，原先的问题是这样的：智慧、节制、勇敢、公正、虔诚——这五个名称指的是同一事物，还是在每个名称背后有一个独特的事物，这个事物有它自己的力量或功能，每一事物均与其他事物不同？【c】你说它们不是同一事物的不同名称，这些名称中的每一个都指代一个独特的事物，所有这些事物都是美德的组成部分，但它们不像金子的组成部分，各个部分都相同，并与由这些部分组成的整体相同，而像脸的组成部分，各部分与整体不同，相互之间也不同，各有自己不同的力量或功能。如果你现在仍旧保持这种看法，那么你就说一下；如果你已经改变看法，那么请你说一下新的看法。如果你现在想说一些完全不同的观点，【d】我肯定不会抓住你原先的看法不放。真的，哪怕你想要对我前面的观点进行验证，我也不会感到惊讶。"

"我想要对你说的是，苏格拉底，所有这些事物都是美德的部分，其中有四个组成部分相互之间非常相似，但是勇敢则与它们完全不同。我提出的证据是真的，你会发现有许多人极端不公正、不虔诚、不节制、无智慧，但却非常勇敢。"

【e】"噢，停一下，"我说。"这件事值得深究。你会说勇敢者是自信的，或者是别的什么样的吗？"

"是的，他们是自信的，并且做好了行动准备，而大多数人都会感到害怕。"

"噢，那么你同意美德是某种好东西，你声称自己是美德的教师，因为美德是好的吗？"

"美德是一切事物中最好的，除非我丧失理智。"

"那么它是部分卑鄙、部分高尚，还是全部高尚？"我问道。

"它肯定是全部高尚，极为高尚。"

【350】"你知道谁会无畏无惧地钻入井中？"

"当然知道，潜水者。"

"这是因为他们知道他们在干什么，还是因为别的原因？"

"因为他们知道他们在干什么。"

"谁在骑马打仗时充满自信？骑手还是非骑手？"

"骑手。"

"谁在用盾牌打仗时会这样，轻盾步兵还是非轻盾步兵？"

"轻盾步兵，如果你下面要问的还是这一类问题，我的回答就是这样。那些拥有正确知识的人比那些不拥有正确知识的人要自信，对某个人来说，获得这种知识以后比获得这种知识之前更加自信。"

【b】"但你有没有见过这样的人，完全缺乏有关所有这些事情的知识，但却在做这些事情的时候充满自信？"

"我见过，他们全都过于自信了。"

"他们的自信是勇敢吗？"

"不是，因为这样一来，勇敢就会成为某种卑劣的事物了。这些人疯了。"

"那么，你说的勇敢的人是什么意思呢？他们不是充满自信吗？"

【c】"这一点我仍旧这么看。"

"那么，这些如此自信的人变得不是勇敢的，而是发疯了，是吗？另外，最聪明的人是最自信的、最自信的人也是最勇敢的吗？如此说来，结论会是智慧就是勇敢。"

"你很坏，苏格拉底，你没有记住我回答你的问题时说的话。你问我勇敢者是自信的吗，我同意了。但你没有问我自信者是否勇敢的。如果你问的是这个问题，【d】那么我会说'并非所有自信者都是勇敢的'。你在其他任何地方都没有指出我同意勇敢者是自信的这个命题是错误的。你后来说明的是知识增添了人的自信心，使人比那些没有知识的人更自信。在后来的推论中你得出结论说，勇敢和智慧是同样的事物。但是按照这种推理，你也会得出结论说，力量和智慧是同样的事物。起先，【e】你问我强者是有力量的吗，我说是的。然后你问我那些懂得如何摔跤的人比那些不懂的人更有力量吗，个别的摔跤手在学习以后比他们学习之前更有力量吗？对此我又说是的。在我对这些事情表示同意以后，你就可以准确地使用这些同意了的观点来证明智慧就是力量。但在此过程中，我没有在任何地方同意有力量者是强大的，【351】只同意强大者是有力量的。力量和力气不是一回事。力气产生于知识，也来自疯狂或激情。力量则来自自然和身体的恰当培育。所以，自信和勇敢也不是一回事，由此推论，勇敢者是自信的，但并非一切自信者都是勇敢的。因为，自信，就像力气一样，可以来自技艺，也可以来自激情或疯狂，而勇敢来自自然和灵魂的恰当培育。"

【b】"普罗泰戈拉，你会说有些人生活得好、有些人生活得坏吗？"

"是的。"

"但是，如果一个人生活在贫困和痛苦之中，你会认为他生活得好吗？"

"不会，确实不会。"

"噢，如果他度过了一生，快乐地生活，你会认为他过得好吗？"

"我是这么看的。"

【c】"那么，快乐地生活是好的，痛苦地生活是坏的吗？"

"是的，只要他在高尚的事物中生活，取得快乐。"

"什么，普罗泰戈拉？你肯定不像大多数人那样，把某些快乐的事物称作坏的，把某些痛苦的事物称作好的吗？我的意思是，一样快乐的事物是好的，仅就其是快乐的而言，亦即，它会带来的后果是快乐，而不是其他；另一方面，痛苦的事物是坏的，亦以同样的方式，仅就其是痛苦的而言，不是吗？"

【d】"苏格拉底，我不知道我是否应当像你提问那样简洁地回答——一切快乐的事物是好的，一切痛苦的事物是坏的。在我看来，更加安全的回应不仅是我当前想到的这种回答，而且要从我的一生出发来看问题，一方面，有一些令人快乐的事物不是好的，另一方面，有一些令人痛苦的事物不是坏的，此外还有第三类事物是中性的——既不好也不坏。"

【e】"你把那些分有快乐或产生快乐的事物称作令人快乐的吗？"

"当然。"

"所以我的问题是这样的：事物之所以是令人快乐的，就在于它们是好的吗？我在问的是，快乐本身是好的还是坏的。"

"就像你老是说的那样，苏格拉底，让我们一起来考察这个问题，如果你说的似乎有理，可以认为快乐和好的事物是相同的，那么我们会达成一致意见；否则我们会表示不同意见。"

"你希望由你来引导这项考察吗，还是由我来？"

"由你来引导比较合适，因为这个想法是你提出来的。"

【352】"行，不知这一点是否有助于澄清问题？当某人根据外貌评价一个人的健康状况或身体的其他功能时，他会观察对方的脸和四肢，还会说，'让我看看你的胸膛和后背，这样我才能更好地检查。'我想要的考察就是这一类。看到你在好（善）和快乐问题上的立场，我需要对你说这样一些话：来吧，【b】普罗泰戈拉，好好想一想！你对知识怎么看？你会随大流，还是有自己的看法？大多数人是这样想的，它不是一样强大的事物，既不是一位领袖，也不是一位统治者。他们根本不会以别的方式考虑知识，反倒会认为，人身上经常呈现知识，但统治他的不是知识，而是其他一些东西——有时候是愤怒，有时候是快乐，【c】有时候是痛苦，有时候是爱情，经常是恐惧；他们认为他的知识就像一名奴仆，完全被其他这些东西牵着鼻子走。现在，你也这样看吗，或者说在你看来，知识是一样优秀的事物，能够统治人，只要人能够区分善恶，他就不会被迫按知识所指点的以外的方式行事，要拯救一个人，理智就足够了？"

"我的看法不仅如你所说，苏格拉底，而且我还要进一步强调，【d】把智慧和知识当作其他什么东西、而不视为人的活动的最强大的力量，这种想法确实可耻。"

"你是对的。你明白大多数人的看法不能使我们信服。他们坚持说，大多数人不愿意做最好的事情，哪怕他们知道它是什么，知道自己能做这件事。我曾经问过他们不做好事的原因，他们说，那些以这种方式做这件事的人之所以这样做，【e】乃是因为受到我刚才提到的快乐、痛苦，或其他什么东西的统治。"

"我认为民众说错话是司空见惯的事，苏格拉底。"

【353】"来吧，那就试着和我一起来说服他们，告诉他们所谓被快乐征服是怎么一回事，正因如此，尽管他们知道什么是最好的事情，但就是不愿意去做。如果我们只是告诉他们，你们说得不对，可以证明你们说的话是错的，那么他们会问，'普罗泰戈拉和苏格拉底，如果不是被快乐所征服的经验，而是别的什么东西，那么你们俩说它是什么？告诉我们吧。'"

"苏格拉底，我们为什么一定要去考察那些普通人的意见呢，他们说话从来不经过思考？"

【b】"我想这样做能帮助我们发现勇敢，发现它如何与美德的其他部分相连。如果你愿意按我们刚才同意的方式谈话，由我来引导讨论，按照我认为能够澄清问题的最佳方式进行，那就请你跟随我；如果你不愿意，那我就放弃谈话。"

"不，你说得对；按你刚才的方法继续吧。"

【c】"那么我就接着刚才的话头说；如果他们问，'我们刚才谈论被快乐所征服，你们这样说是什么意思？'我会以这样的方式回答他们：'听着，普罗泰戈拉和我会向你们解释的。先生们，这里说的无非就是你们经历的事情——你们经常被饮食男女之类快乐的事情所征服，尽管你们知道这些事情是毁灭性的，但还是沉迷于其中。'对此他们会表示同意。然后你和我会再问他们：'在什么意义上，【d】你们把这些事情称作毁灭性的？是因为它们各自本身是快乐的，并能直接产生快乐，还是因为它们后来会带来疾病、贫困和诸如此类的后果？或者说，即使它后来不会带来这些后果，而只是提供快乐，但它仍旧是一件坏事情，因为它以各种方式提供快乐？'所以，普罗泰戈拉，我们能够假定他们会作出其他什么回答，而不是回答说坏的事物之所以是坏的，不是因为它们带来直接的快乐，而是因为后来发生的疾病之类的事情吗？"

【e】"我想大多数人会这样回答的。"

"'那么，带来疾病和贫困，它们也带来痛苦吗？'我想他们会表示同意的。"

"是的。"

"'好人们，如普罗泰戈拉和我所坚持的那样，【354】你们认为这些事物是坏的，其原因无非在于这样一个事实，它们导致痛苦，剥夺了我们其他的快乐，是吗？'他们会表示同意吗？"

普罗泰戈拉认为他们会表示同意。

"那么，再来，假定我们向他们提出一个相反的问题：'你们说某些痛苦的事情也可以是好的，你们不会说体育、军训、医生的治疗，包括烧灼术、外科手术、吃药、节食，这样一些事情是好事吧，尽管它们是痛苦的？'他们会这样说吗？"

"是的。"

【b】"那么你们称这些事情为好的，不是因为它们会引起极度的疼痛和痛苦，而是因为它们最终将带来身体的健康和良好状况、城邦的安全、统治其他人和财富的权力？'他们会表示同意吗？"

"是的。"

"'这些事情是好的，仅在于它们带来快乐的结果，减缓或避免痛苦吗？或者说除了快乐与痛苦，你们还有其他的标准，以此为基础你们把这些事情称作好的？'【c】我想，他们会说没有。"

"我会同意你的想法。"

"'所以你们把追求快乐视为善，而把避免痛苦视为恶？'"

"是的。"

"'所以，你们把痛苦当作恶，把快乐当作善，因为你们把一件令人非常愉快的事情称作恶的，当它剥夺了我们的比它所能提供的快乐更大的快乐时，【d】或者当它带来比内在于它的快乐更大的痛苦时，是这样吗？但若你们把这件令人非常愉快的事情称作恶的还有其他原因，除了我说的这个标准之外还有别的标准，那么你们可以告诉我们它是什么，或者说你们做不到。'"

"我也认为他们做不到。"

"'关于痛苦的实际状况不也一样吗？你们把受苦的实际状况称为好的，只要它能减缓比它本身更大的痛苦，【e】或者能够带来比痛苦更大的快乐，对吗？现在，当你们把受苦的实际状况称作好的时候，如果你们正在使用我建议的这个标准以外的标准，你们可以告诉我们它是什么，但是你们不可能做到。'"

"你说得对。"

"噢，再说，先生们，假如你们问我：'这一点你干吗要说这么多，说得那么细？'我会回答说，请你们原谅。首先，要说明被你们称作'被快乐征服'是什么意思不是一件容易的事；【355】其次，所有论证都以此为起点。不过，哪怕是现在，后退仍旧是可能的，如果你们能够说出善是快乐以外的某样东西，恶是痛苦以外的某样东西。或者说，你们只要快乐而无痛苦地活着就足够了吗？如果这就够了，除了好的事物引起快乐、坏的事物引起痛苦，你们说不出其他意思来，那就听我说。我要对你们说，即便如此，你们的立场仍旧是荒谬的，【b】因为你们不断地说一个人知道什么是恶，但就是要去做，他总是被快乐所驱使和征服；还有，你们说一个人知道什么是善，但就是不去做，这个时候你们也用眼前的快乐来加以解释，说他被快乐所征服。如果我们不同时使用快乐、痛苦、善、恶这么多名称，这种说法的荒唐之处立刻就能显示出来；因为这些东西会变成只有两样东西，【c】让我们用两个名称来称呼它们，第一样东西是'善恶'，第二样东西是'乐苦'。然后，以此为基础，让我们说一个人知道恶的事情是恶的，对其他名称也这么说。如果这时候有人问我们：'为什么？'我们会回称：'被征服了。''被什么征服了？'他会问我们。我们不能再说，'被快乐，'——因为'快乐'已经改了名字，被称作'善'了——所以我们会这样说，并且回答'他被……征服了'。他会问，'被什么征服？''被善，'我们会说，'苍天在上！'【d】如果碰巧提问者很粗鲁，他会大笑着挖苦我们说：'你们说的这些话太荒谬了——一个人知道什么是恶，他就去做坏事，当这件坏事并非必然要做的时候，他被善征服了。'‘所以，’他会说，‘就你们自己来说，善重于恶，还是善轻于恶？'我们显然会回答说，善不重于恶，否则的话，我们说被快乐征服了的这个人就不会做任何错事了。他会说，‘善为什么重于恶，或者恶为什么重于善？【e】仅仅因为一个大些，一个小些，或者一个多些，一个少些吗？'我们不得不表示同意。‘所以很清楚，’他会说，‘你们说的被征服的意思就是为了得到比较少的好事物而得到比较多的坏事物。'这一点就说到这里吧。

　　"所以，现在让我们回过头来，把快乐和痛苦这些名称用于这些非常相同的事物。现在让我们说，【356】一个人做了我们前面称之为‘恶'的事情，现在我们要称之为‘痛苦'的事情，我们知道它们是痛苦的，但却被令人愉快的事情所征服，尽管这些令人愉快的事情显然并不重于它们。但是，除了相对的过度或不足，快乐如何重于痛苦呢？不就是一件（用其他的话来说）比较大或比较小、比较多或比较少、程度上比较强或比较弱的事情吗？

　　"这是因为，如果有人说：‘苏格拉底，当下的快乐与后来的快乐和痛苦很不一样，'我会回答说，【b】‘这种差别只能是快乐和痛苦的差别，而不会是其他方式的不同。称重量是一个很好的比喻，你们把快乐的事情都放在一起，也把痛苦的事情放在一起，一头担起快乐，一头担起痛苦，竭力保持平衡，然后说出哪一头更重一些。但若你们称的是快乐的事情和快乐，那么一定会有一头较大或较多；如果你们称的是痛苦的事情和痛苦，也必然会有一头较大或较小。如果你们称的是快乐的事情和痛苦的事情，痛苦的事情被快乐的事情超过了——无论是近的被远的超过了，还是远的被近的超过了——你们不得不采取行动，【c】让快乐的事情占上风；另一方面，如果快乐的事情被痛苦的事情超过了，那么你们一定不会这样做。这在你们看来有什么区别吗，我的朋友？'我知道他们不会说出其他什么话来。"

　　普罗泰戈拉表示同意。

　　"既然如此，我会对他们说，‘回答我的这个问题：同样大小的东西放在眼前看起来比较大，而放在远处则显得比较小，不是吗？'他们会说，是的。'东西的厚薄和数量也一样吗？同样的声音，距离较近听起来就比较响，【d】距离较远听起来就比较轻吗？'他们会表示同意。'那么，要是我们现在的幸福依赖于此，那么做和选择比较大的事情，避免和不做比较小的事情，我们会视之为我们生活中的拯救吗？这会是一种度量的技艺，还是一种表面现象的力量？表面现象经常把我们引向歧途，使我们陷入混乱，经常改变我们对相同事物的看法，使我们后悔自己对大大小小的事物采取的行动和选择，与此相反，【e】度量的技艺通过向我们显示真理，能使现象的力量消失，能给我们带来心灵的安宁，让我们的心灵坚定地植根于真理之中，能够拯救我们的生命。'因此，要是这些人同意这一点，在心里记得这一点，那么能拯救我们的是度量的技艺，还是其他技艺？"

"我同意，是度量的技艺。"

"如果我们的生命得到拯救取决于我们对奇数和偶数的选择，这个时候要正确地比较事物的大小，【357】无论是拿同类的事物与它本身比，还是拿一种事物与另一种事物比，无论是放得比较近，还是放得比较远，那会怎么样？这种时候拯救我们生命的是什么？肯定是知识而不是其他什么东西，特别是度量方面的知识，因为它是一种有关事物大小的技艺，是吗？实际上，它不就是算术吗，算术就是处理奇数和偶数的？'这些人会同意还是不同意我们的看法？"

普罗泰戈拉认为他们会同意。

"那么好吧，我的好人们，既然我们的生命想要获得拯救取决于正确选择善恶，【b】无论它们或大或小，或多或少，或近或远，那么我们的拯救似乎首先就是一种度量，这种度量要研究相关的过度、不足和相等，不是吗？"

"必定如此。"

"由于它是一种度量，它必定也是一种专门的技艺，是一种知识。"

"他们会同意这个说法。"

"这种技艺、这种知识到底是什么，我们可以以后再考察；【c】为了回答你们向普罗泰戈拉和我提出的问题，承认它是某种知识就足够了。如果你们还记得，当我们同意没有任何事物比知识更强大或更好，只要知识呈现的时候，它总是对快乐和其他一切事物占据上风的时候，你们提出了这个问题。在这个时候，你们说快乐甚至经常统治那些有知识的人；由于我们没有同意这一点，你们就继续问我们：'普罗泰戈拉和苏格拉底，如果这种经历不是被快乐所征服，【d】那么你们说它是什么呢？告诉我们吧。'如果我们当时直截了当地回答说它是无知，那么你们会嘲笑我们，但若你们现在嘲笑我们，你们就是在嘲笑你们自己。因为你们已经同意了我们的看法，那些人在对快乐与痛苦，亦即善与恶，进行选择的时候，使他们犯错误的原因就是缺乏知识，不仅仅是缺乏知识，【e】而且缺乏你们刚才同意了的那种度量的知识。你们一定知道，没有知识的错误行动就是无知的。所以，这就是所谓的'被快乐征服'——无知处于最高程度，这就是普罗泰戈拉、普罗狄科、希庇亚声称要加以治疗的。但是你们相信它是无知以外的其他事物，你们自己不去智者那里，也不把你们的孩子送去智者那里接受训导，而相信我们正在处理的事情和你们一样是不可教的。由于担心你们的金钱，不想付钱给他们，所以你们在私人生活和公共生活中都做得很糟。'

【358】"这就是我们应当对这些人作出的回答。现在我要问你们，希庇亚、普罗狄科，还有普罗泰戈拉——这也是你们的谈话——你们认为我说的是否正确。"他们全都认为我说得非常正确。

"所以你们同意快乐是善，痛苦是恶。我请求得到区分语词的普罗狄科的豁免，无论你称之为快乐、【b】惬意，还是喜悦，还是用你喜欢的其他方式来称呼这类事情，我的杰出的普罗狄科，请对我的问题的内容作出回应。"普罗狄科大笑着表示同意，其他人也一样。

"那么好吧，你们这些家伙，这个问题怎么样？并非一切行为都会导向无痛苦、快乐、高尚、有益的生活，对吗？高尚的活动不是善的和有益的，对吗？"

他们表示同意。

【c】"如果快乐就是善，那么没有一个知道或相信有其他比他正在做的事情更好的事情的人，在他有可能做更好的事情时，会去继续做他正在做的事。能使人放弃的无非就是无知，能控制自己的无非就是智慧。"

他们全都表示同意。

"那么，好吧，你们会说无知就是拥有一种虚假的信念，在一些重要的事情上受骗吗？"

对此他们全都表示同意。

【d】"好，没有人会自愿趋向于恶或者趋向于他相信是恶的东西；也不会有人，看起来，按其本性，想要趋向于他相信是恶的东西，而不是趋向于善的东西。在他被迫要在两样坏的事物中做选择的时候，如果他能够挑选较小的，不会有人挑选较大的。"

他们又再一次表示同意。

"好吧，有被你们称作恐惧或害怕的这种东西吗？我是对你说的，普罗狄科。我说，你是否把这种东西称作害怕或恐惧，这是一种对某种恶的事情的预期。"

【e】普罗泰戈拉和希庇亚认为，对害怕和恐惧来说这样说是对的，但是普罗狄科认为这样说只适用于恐惧，不适用于害怕。

"好吧，这没什么关系，普罗狄科。如果到现在为止我说的都是对的，那么任何愿意趋向于他所恐惧的事物的人，当他能够趋向于他不恐惧的事物时，他会这样做吗？或者说根据我们已经同意了的那些看法，这是不可能的吗？因为我们已经同意，人们会把他害怕的东西当作恶的，没有人会自愿趋向那些他认为是恶的事情，或者自愿选择这些事情。"

【359】他们全都表示同意。

"好，普罗狄科和希庇亚，根据我们已经确定的这个看法，让普罗泰戈拉向我们作一番辩护吧，让他告诉我们他最初的回答是否正确。我指的不是他一开始的回答，因为当时他说美德有五个部分，相互之间都各不相同，各自有其独特的力量或功能。我现在想说的不是他的这个看法，【b】而是他后来说的话。因为他后来说，美德的五个部分中有四个非常相似，只有一个，也就是勇敢，与其他部分很不一样。他当时说，我能根据下面的证据知道这一点：'你会发现，苏格拉底，有些人极为不虔诚、不公正、不节制、无知识，然而却非常勇敢；凭着这一点，你会认识到勇敢与美德的其他所有部分很不相同。'当时我对这个回答感到非常惊讶，但是现在我在和你们谈论了这些事情以后感到更加惊讶。然后我问他，他说的勇敢是否就是自信。他说，'是的，并且也是做好行动的准备。'【c】你还记得你做过这个回答吗？"

他说他做过。

"好，那么请你告诉我们，这个勇敢者准备好要采取的是什么行动？同样的行动是否也可以看作是胆怯者的？"

"不。"

"不同的行为？"

"是的。"

"胆怯者会趋向于那些激励自信的事物，而勇敢者会趋向那些值得害怕的事物吗？"

"大多数人是这样说的。"

【d】"对，但是我要问的不是这一点。倒不如说，我要问的是，你们说勇敢者大胆地趋向什么，趋向那些令人害怕的事物，相信它们值得害怕，还是趋向那些不令人害怕的事物？"

"按你刚才所说的，前者是不可能的。"

"你又说对了，所以，如果我们的证明是正确的，那么没有人会趋向那些他认为可怕的事物，因为不能控制自己的人都是无知的。"

他表示同意。

【e】"但是所有人，勇敢者和胆怯者，趋向于他们充满信心的事物；所以，勇敢者和胆怯者趋向于相同的事物。"

"但是，苏格拉底，胆怯者趋向的事物与勇敢者趋向的事物完全相反。比如，勇敢者自愿参战，而胆怯者不愿意。"

"参战是高尚的还是可耻的？"

"高尚的。"

"好吧，如果它是高尚的，我们在前面同意过，那么它也是好的，因为我们同意所有高尚的行为都是好的。"

"非常正确，我始终相信这一点。"

【360】"非常正确；但是你会说谁不愿意参战，参战是高尚的和好的？"

"胆怯者。"

"如果一样事物是高尚的和好的，那么它也是快乐的吗？"

"我们完全同意这点。"

"所以，这些胆怯者，有着完全的知识，不愿意趋向于比较高尚、比较好、比较快乐的事物吗？"

"如果我们同意这一点，我们就会破坏我们前面同意看法。"

"勇敢者怎么样，他会趋向于比较高尚、比较好、比较快乐的事物吗？"

"我们必须同意这一点。"

"所以，一般说来，当勇敢者害怕时，他们的害怕不是可耻的；当他们感到自信时，他们的自信也不是可耻的。"

"对。"

【b】"如果不是可耻的，那么它是高尚的吗？"

他表示同意。

"如果它是高尚的，那么它也是好的吗？"

"是的。"

"而胆怯者的、鲁莽者和疯子的害怕与自信是可耻的，对吗？"

他表示同意。

"他们的自信是可耻的和坏的，除了无知和愚蠢，还有其他任何原因吗？"

【c】"不，没有其他原因。"

"那么好吧，就是由于这个原因，胆怯的人是胆怯的，你称之为胆怯还是勇敢？"

"绝对如此。"

"所以，由于胆怯者对所害怕的事物的无知，他们才表现得胆怯吗？"

他表示同意。

"你同意通过胆怯，他们是胆怯的吗？"

他说他同意。

"所以，我们能够得出结论说，胆怯就是对什么事物值得害怕、什么事物不值得害怕的无知。"

他点了点头。

【d】"好吧，现在勇敢是胆怯的对立者。"

他说是的。

"所以，关于什么事物值得害怕、什么事物不值得害怕的智慧是这种无知的对立者吗？"

他又点了点头，但是非常犹豫。

"所以，关于什么事物值得害怕、什么事物不值得害怕的智慧是勇敢，它是这种无知的对立面。"

说到这里，他甚至不愿意再点头了，他保持沉默。

于是我说："普罗泰戈拉，你怎么啦？不愿意对我的问题说是或不是？"

"你自己回答吧。"

【e】"我只有一个问题还要问你。你仍旧相信，像你原先那样，有些人是极端无知的，但仍旧非常勇敢吗？"

"我认为，你只想要赢得这个论证，苏格拉底，这就是你强迫我回答的原因。所以，我会满足你的，我会说，以我们已经同意了的看法为基础，这在我看来是不可能的。"

"除了回答这些关于美德的问题，尤其是美德本身是什么的问题，【361】我问这些事情没有其他原因。因为我知道，如果我们能够弄清了这一点，那么就能解决我们俩谈论了很久的那个问题——我认为美德不可教，而你认为美德可教。

"在我看来，我们的讨论已经转而针对我们了，如果它有它自己的声音，它会嘲笑我们说，'苏格拉底和普罗泰戈拉，【b】你们俩真是太荒唐了。苏格拉底，你原先说美德不可教，但是现在你论证了相反的观点，试图证明一切都是知识——公正、节制、勇敢——在这种情况下，美德当然就显得是非常可教的了。另一方面，如果美德是知识以外的某种东西，像普罗泰戈拉原先试图想要说的那样，那么它显然是不可教的。但若美德整个儿转变为知识，像你现在所敦促我们的那样，苏格拉底，如果还说美德不可教，那可就太奇怪了。好吧，普罗泰戈拉原先坚持美德可教，【c】但是现在他认为事情正好相反，敦促我们说任何美德几乎都不会转变为知识。据此来看，美德几乎完全不可教。'

"喔，普罗泰戈拉，看到我们现在已经陷入泥淖，困惑不已，【d】我有一种最强烈的愿望，想要弄清它，我希望能够继续我们当前的谈话，直到弄清美德本身是什么，然后再返身考察美德是否能教，别让厄庇墨透斯在这场考察中第二次挫败我们，就好像在你讲的故事中，他在分配技艺时把我们给忽略了。我更加喜欢你讲的这个故事中的普罗米修斯，超过喜欢厄庇墨透斯。由于我采用了普罗米修斯的预见，把我的生活当作一个整体来预想，所以我关注这些事情，如果你愿意，如我开始时所说，我会很乐意与你一道来考察这些事情。"

【e】"苏格拉底，我高度评价你的热情和你通过论证寻找出路的方式。我真的不认为我是个坏人，我肯定是最后一个能容纳恶意的人。确实，我告诉过许多人，我对你的尊敬超过我遇到的任何人，肯定超过你这一代人中的其他人。我要说，如果你在智慧方面在凡人中赢得最高声望，我也不会感到惊讶。我们以后会考察这些事情，只要你愿意，不过现在我们该把我们的注意力转到别处去了。"

【362】"那我们就到这里吧，如果你希望如此。我其实早就该去赴约了。我之所以还待在这里，只是为了表明我喜欢我们高贵的同道卡里亚。"

我们的谈话就这样结束了，我们各自离去。

美诺篇

提　要

  本篇介于早期对话和中期对话之间，以谈话人美诺的名字命名。公元 1 世纪的塞拉绪罗在编定柏拉图作品篇目时，将本篇列为第六组四联剧的第四篇，称其性质是"试探性的"，称其主题是"论美德"。①《普罗泰戈拉篇》的结尾就是本篇的开端。参加讨论的共有四人，主要对话人是苏格拉底和美诺。美诺是一位来自拉利萨的青年，出生高贵，自负而又傲慢，听过智者高尔吉亚的讲演，被时髦的论题和见解弄得晕头转向。在讨论中，美诺的一名小奴隶被喊来回答几何问题。还有一位阿尼图斯，据说是控诉苏格拉底的三名原告中的一个。谈话篇幅较短，译成中文约 2 万 3 千字。整篇对话可以分为三个部分。

  对话第一部分（70a—80d），美诺提出美德是否可教的问题。苏格拉底指出，我连美德是什么都不知道，怎么能知道它是否可教呢？于是问题转向什么是美德。美诺自负地列举了大量的具体美德。苏格拉底指出，询问美德是什么不是要你列举具体的美德，而是要寻找美德的"型相"，要把握所有美德共同的东西，而不是把它打碎，把"一"变成"多"。

  对话第二部分（80d—86d），转为讨论"型相"的先验性。苏格拉底以灵魂不朽为依据，提出获得知识不是通过教育，而是灵魂通过回忆生前获得的实在和真理，学习就是回忆。为了证明这一点，苏格拉底引导从未受过教育的小奴隶推导出几何学中的勾股定理。

---

① 参阅第欧根尼·拉尔修：《名哲言行录》3∶59。

对话第三部分（86e—100c），阿尼图斯参加了这部分对话。苏格拉底假设：如果美德是知识，它便是可教的，但是根本就没有教美德的教师，所以美德是不可教的。为了解决这个悖论，苏格拉底提出要区分"真意见"（正确的意见）和"知识"。他指出，正确的意见和知识都是真的。它们的区别在于：知识已经在人的心灵上固定下来，而真意见却没有固定下来，不加以捆绑便随时可能跑掉。正确的行为必须要有正确的指导，正确的指导不是来自知识，便是来自正确的意见。

本篇从形式上看，讨论的问题和讨论的方式与早期对话相似，而在内容上则属于中期对话。柏拉图在其中已经发展了苏格拉底的思想，形成了自己的哲学理论，而苏格拉底讽刺性的"自知其无知"正在消失。

正　文

谈话人：美诺、苏格拉底、童奴、阿尼图斯

美 【70】请你告诉我，苏格拉底，美德能教吗，或者说，美德不可教，而是实践的结果，或者说二者都不是，而是人凭着天性或以其他某种方式拥有美德？

苏 好吧，美诺①，从前，帖撒利②人的马术和财富在希腊人中享有盛名；而在我看来，【b】现在，他们好像也由于他们的智慧而得到尊崇，更不必提你们的朋友、拉利萨③人阿里斯提波④的同胞公民了。你们的这种名望与高尔吉亚⑤相连，因为他在去你们城邦的时候，喜欢上了杰出的阿留亚戴⑥人，你们热爱的阿里斯提波就是其中之一，由于他的智慧，高尔吉亚爱上了他，其他优秀的帖撒利人也一样。尤其是，他

---

① 美诺（Μένων），人名。
② 帖撒利（Θετταλία），地名。
③ 拉利萨（Λαρισαῖ），地名。
④ 阿里斯提波（Αρίστιππος），人名。
⑤ 高尔吉亚（Γοργίας），人名。
⑥ 阿留亚戴（Αλευαδαι），人名。

使你们养成了习惯，对任何有可能向你们提出的问题给予大胆而又自信的回答，【c】就像行家会做的那样。确实，他本人做好了准备，回答任何希腊人希望向他提出的问题，而这些问题也确实得到了回答。但在雅典，我亲爱的美诺，情况正好相反，就好像这里发生了饥荒，智慧都从我们城邦跑到你们那里去了。【71】如果你想要向我们的人提出这种问题，他们一定会发笑，并且对你说："外邦来的好人，你一定以为我是幸福的，如果你确实认为我知道美德是否能教或美德是从哪里来的；但实际上，我根本不知道美德是否能教，也不拥有关于美德本身是什么这个问题的任何知识。"

【b】我本人，美诺，在这个方面和我的同胞一样贫困，我责备自己，因为我对美德完全无知。如果我连什么是美德都不知道，又怎么能够知道它拥有什么性质呢？或者说你认为有人对美诺一无所知，却知道他是英俊的、富有的、出身高贵的，或者正好相反吗？你认为有这种可能吗？

美　我不这样认为；但是，苏格拉底，你真的不知道什么是美德吗？【c】我们回家以后，可以对其他人这样说吗？

苏　你们不仅可以这样说，我的朋友，而且我相信，我从来没有遇到过知道这一点的人。

美　怎么会呢？高尔吉亚在这里的时候，你见过他吗？

苏　见过。

美　你认为他不知道吗？

苏　我完全不记得了，美诺，所以无法告诉你我当时是怎么想的。他也许知道；你知道他曾经说过的话，【d】所以由你来提醒我他说了些什么。如果你愿意，也可以说说你自己的看法，因为你肯定分享了他的观点。

美　是的。

苏　那我们就不要管他了，因为他不在这里。美诺，众神在上，你自己会说什么是美德吗？说吧，不要拒绝我们，如果你和高尔吉亚表明你们知道这一点，那就表明我刚才说的话是最可悲、最不真实的，我说我从来没有遇到过任何人知道这一点。

美　【e】要我告诉你并不难，苏格拉底。首先，如果你想要男人的美德，这种美德很容易叙说①，男人的美德由能够管理公共事务组成，在这样做的时候有益于他的朋友，伤害他的敌人，而又能小心行事不让自己受到伤害；如果你想要女人的美德，这种美德也不难描述，她一定能够很好地管理家务，管好家里的财产，服从她的丈夫；儿童的美德，不管是男孩还是女孩，又不同了；如果你想要老人的美德，老人的美德也是这样；或者说你想要的是自由民或奴隶的美德。【72】除此之外，还有许多美德，所以一个人不可能说不出什么是美德。每项行动、每个年纪、我们的每项任务、我们中的每一个人，都有一种美德——嗯，苏格拉底，对恶德说同样的话也是对的。

苏　我真是幸运极了，美诺；我在寻找一种美德，却发现你有一群美德，就像有一大群蜜蜂。不过，美诺，【b】随着蜜蜂这个想象，如果我问你蜜蜂的本性是什么，而你回答说有许多蜜蜂，有各种各样的蜜蜂，如果我问你，"你的意思是，就它们是蜜蜂而言，有许多只蜜蜂，有许多种蜜蜂，它们相互之间各不相同，是吗？或者说它们在一个方面没有什么不同，但在其他方面，比如在它们的美丽上，或者在它们的大小上，或者在其他方面，是不同的？"你会怎么回答。告诉我，如果遇到这样的问题，你会怎么回答？

美　我会说，就它们都是蜜蜂而言，它们相互之间没有区别。

苏　如果我继续说，"告诉我，美诺，【c】正是由于这样东西它们全都是相同的，相互之间没有区别，那么这样东西是什么？"你能告诉我吗？

美　我能。

苏　所以美德这个事例也一样。尽管它们有许多个，有许多种，但它们全都有某个相同的"型相"②，使它们成为美德，在要弄清什么是美

---

① 叙说（λόγος），亦译为描述。

② 型相（εἰδώς, ιδέα），柏拉图哲学的基本概念，亦译为"理念"。

德的时候，应当看到这一点。【d】或者说，你不懂我的意思。

美　我想我是懂的，但我肯定不像我自己所希望的那样能完全把握这个问题的意思。

苏　我在问，你是否认为在美德这个事例中，只有一种美德是男人的，另一种美德是女人的，等等，或者说在健康、身材、体力这些事例中也一样？你认为有一种健康是男人的，另一种健康是女人的吗？或者说，如果它是健康，【e】那么它在任何地方都相同，无论是在男人身上，还是在其他任何地方？

美　男人的健康在我看来和女人的健康是一样的。

苏　身材和体力也这样吗？如果一位妇女是强壮的，那么体力就是相同的，拥有相同的型相，因为我说的"相同"的意思是，体力就其是体力而言没有区别，无论是在男人身上还是在女人身上。或者说，你认为有区别吗？

美　我不这么认为。

苏　那么，美德就其是美德而言，【73】无论是在孩子或老人身上，还是在男人或女人身上，会有什么区别吗？

美　我认为，苏格拉底，这个事例不知怎么地与其他事例不太一样。

苏　怎么会呢？你不是说过男人的美德在于良好地管理城邦，而女人的美德在于良好地管理家务吗？

美　我说过。

苏　如果不能有节制地、公正地进行管理，有可能良好地管理城邦、家庭，或者别的事务吗？

美　肯定不能。

苏　【b】如果他们公正地、有节制地进行管理，那么他们在这样做的时候必须带着公正和节制吗？

美　必定如此。

苏　所以男人和女人，如果他们是好的，需要同样的东西，亦即公正和节制。

美 好像是这么回事。

苏 孩子和老人怎么样？如果他们是不节制的和不公正的，他们能是好的吗？

美 当然不是。

苏 但若他们是节制的和公正的，他们是好的吗？

美 是的。

苏 【c】所以，所有人都以同样的方式是好的，因为他们通过获得相同的性质而变成好的。

美 好像是这样。

苏 如果他们不拥有相同的美德，他们就不会以同样的方式是好的。

美 他们肯定不会是好的。

苏 那么，由于美德全都是相同的，请你记住高尔吉亚和你的看法，试着告诉我，你们说的这种相同的东西是什么。

美 【d】如果你在寻找一种适合所有事例的说法，那么它只能是能够统治人。

苏 这确实是我正在寻找的东西，但是，美诺，在儿童或奴隶的事例中美德是相同的吗，也就是说，他们能够统治他们的主人吗，你认为实行统治的人还是奴隶吗？

美 我完全不这样想，苏格拉底。

苏 当然不会是这样，我的好人。考虑另一个要点：你说美德就是能够统治。我们是否应该加上"公正地"或"不公正地"这些词？

美 我也这样想，因为公正是美德。

苏 【e】你说的是美德，还是一种美德？

美 你这样问是什么意思？

苏 就像其他任何事物一样。比如，要是你愿意，以圆为例，关于它我会说它是一种形状，而不是只说它是形状。我之所以这样说是因为还有别的形状。

美 你说得很对。所以我也会说，不仅公正是一个美德，其他也还有许多美德。

苏 【74】它们是什么？告诉我，就像我能对你提到其他形状，如果你要我这样做的话，你也能提到其他美德。

美 我认为勇敢是一种美德，还有节制、智慧，还有尊严，还有其他许多。

苏 我们又遇到了同样的麻烦，美诺，尽管方式不一样；在寻找一种美德的时候，我们找到了许多美德，但我们找不到一种能覆盖其他所有美德的美德。

美 【b】苏格拉底，我还不能发现你正在寻找的东西，一种能覆盖所有美德的美德，就像在其他事例中那样。

苏 很像是这样的，但若我能做到，我渴望能够取得进展，因为你明白相同的情况可以运用于一切事物。如果某人问你我刚才提到的事情，"什么是形状，美诺？"而你告诉他，"圆是形状"，然后他会像我刚才问你的那样对你说，"圆是形状还是一种形状？"你肯定会告诉他圆是一种形状。

美 我肯定会这样说。

苏 【c】你会这样说的理由是还有别的形状。

美 对。

苏 如果他继续问你，别的形状是什么，你会告诉他吗？

美 我会。

苏 所以，事情是一样的，如果他问你什么是颜色，你说白就是颜色，你的提问者打断你，"白是颜色还是一种颜色？"你会说它是一种颜色，因为还有其他颜色，你不会吗？

美 我会。

苏 如果他要求你说出其他颜色，【d】那么你会提到不亚于白的其他颜色。

美 是的。

苏 然后，要是他像我一样推进这个论证，说"我们总是抵达多；不要用这种方式对我说话，但由于你用一个名称来称呼所有这些杂多的事物，还说尽管它们是相对的，但没有一个不是一种形状，所以请你告诉我，这个既可以用于圆也可用于直的这个被你称作形状的东西是什么，【e】因为你说圆像直一样是一种形状。"你没有说过这样的话吗？

美　我说过。

苏　在这样说的时候，你确定圆不会比直更圆，直也不会比圆更直吗？

美　肯定不会，苏格拉底。

苏　然而，你说圆并不比直更是一种形状，直也并不比圆更是一种形状。

美　这样说是对的。

苏　那么形状这个名称可以用于什么事物呢？请你试着告诉我。如果在被问到形状或颜色这样的问题时，【75】你回答说"我不明白你想要什么，我的好人，也不明白你什么意思"，那么提问者可能会感到惊讶，并说"你不明白我正在寻找所有这些事例的共同点吗？"美诺，如果有人问你，"可以运用于圆、直，以及其他被你称作形状的事物的这个东西，在所有这些形状中都相同的这个东西是什么？"你会仍旧无话可说吗？试着说说看，这样你就可以为回答有关美德的问题练习一下。

美　【b】不，苏格拉底，还是你来告诉我吧。

苏　你想要我帮助你吗？

美　当然。

苏　然后你会愿意把有关美德的事情告诉我吗？

美　我会的。

苏　那么我们一定要向前推进。这个主题值得我们这样做。

美　确实如此。

苏　来吧，让我们试着告诉你什么是形状。看你是否接受这样的说法。让我们说形状就是始终追随颜色而存在的事物。这种说法能使你满意吗，【c】或者说你要以别的方式寻找它？如果你用这种方式定义美德，我会感到满意的。

美　但是这种说法非常愚蠢，苏格拉底。

苏　怎么会呢？

美　你说形状始终追随颜色。那么好，如果某人说他不知道什么是颜色，关于形状他也有同样的困惑，你认为该给他一个什么样的回答呢？

苏　当然是给他一个真实的回答，如果我的提问者是那些能干的、擅长争论者中的一员，我会对他说："我已经提供了我的答案；如果它是错的，驳斥它是你的工作。"然后，如果他们是朋友，【d】就像你我一样，相互之间想要进行讨论，他们必定会以更加温和、更加恰当的方式做出回答。我这样说的意思是，这些答案不一定是真的，但他使用的术语必须是提问者所熟悉的。我也会尝试着使用这样的术语。【e】你是否把某事物称作"终端"？我指的是作为界限或边界这样的事物，我要说，所有这些事物都是相同的。普罗狄科①也许不同意我们的看法，但是你肯定会把某些事物称作"终结"或"完成"——我想要表达的意思就是这些，没有什么精妙的含义。

美　我会这样说的，我想我明白你的意思了。

苏　【76】再说，你称某个事物为平面，称某个事物为立体，就像几何学中那样，是吗？

美　是的。

苏　由此你可以明白我说的形状是什么意思了，因为我说到各种形状的这一端点，所谓形状就是立体的终端；简言之，形状就是立体的边界。

美　那么你说什么是颜色，苏格拉底？

苏　你真坏，美诺。你净给一个老头找麻烦，要他回答问题，【b】而你自己却不愿意回想一下，把高尔吉亚有关美德的说法告诉我。

美　等你回答了这个问题，苏格拉底，我就会告诉你。

苏　哪怕是瞎子也会通过跟你谈话知道你长得很英俊，还有许多情人。

---

①　普罗狄科（Πρόδικος），著名智者，擅长精确区分词义。

美　你干吗要这样说？

苏　因为你在谈话中老是在下命令，就像那些被宠坏了的人一样，在他们年轻的时候，他们的行为就像僭主。【c】你也许认识到我在相貌英俊的人面前处于劣势，所以我会帮助你回答问题。

美　无论如何，你要帮助我。

苏　你想要我按照高尔吉亚的方式来回答问题吗，这是你最容易跟得上的？

美　我当然想要这样做。

苏　你们俩说过有事物的流射吗，像恩培多克勒①那样？

美　当然说过。

苏　有各种孔道，流射通过这些孔道开辟自己的道路吗？

美　是这样的。

苏　【d】有些流射适宜进入某些孔道，而其他孔道太大或太小？

美　是这样的。

苏　有某种被你称作视觉的东西吗？

美　有。

苏　据此，"把握我所说的"，如品达②所说，因为颜色就是来自形状的流射，与视觉相适应并被察觉。

美　在我看来，这个答案好极了，苏格拉底。

苏　这个答案也许是以你习惯的方式提供的。同时我认为你可以从这个答案推演出什么是声音、【e】什么是气味，以及其他许多这样的东西。

美　确实如此。

苏　这个答案很具体，美诺，所以你喜欢它，胜过那个关于形状的

---

①　恩培多克勒（Ἐμπεδοκλέα），公元前五世纪后半叶的西西里哲学家。他认为任何物体都有连续不断的、细微不可见的粒子放射出来。流射的粒子进入合适的孔道，进入感官，与构成感官的元素相遇，形成感觉。

②　品达（Πίνδαρος），诗人。引文见《残篇》105。

答案。

美　对。

苏　这个答案不太好，阿勒西得谟①之子，我相信另一个答案更好些，我认为，要是你不像昨天告诉我的那样在秘仪开始之前就离开了，而是待在那里加入秘仪，那么你会同意我的看法。

美　如果你能给我更多这样的回答，苏格拉底，【77】那么我会待下去的。

苏　我并不缺乏把这些事情告诉你的热情，既为了你，也为了我自己，但我不能告诉你很多。来吧，你也试着兑现你对我的承诺，告诉我作为一个整体的美德的性质，不要再把一弄成多，就像有人打碎了什么东西时会开玩笑说的那样，而要允许美德保持完整和健全，【b】告诉我什么是美德，因为我已经给你提供了范例。

美　我认为，苏格拉底，美德，如诗人所说，就是"在美好的事物中发现快乐和有能力"。所以我说美德就是向往美好的东西并有能力获得它们。

苏　你的意思是，人在向往美的事物时也向往好的事物吗？

美　当然。

苏　你假定有人向往坏的事物，【c】而其他人向往好的事物吗？我的好人，你难道不认为所有人都向往好事物吗？

美　我不这样认为。

苏　但有人向往坏的事物吗？

美　是的。

苏　你的意思是他们相信坏的事物是好的，或者说他们知道这些事物是坏的，但仍旧向往它们吗？

美　我认为两种情况都存在。

苏　你认为，美诺，有人知道坏事物是坏的，但却向住它们吗？

美　我确实这样认为。

---

①　阿勒西得谟（Αλεξιζήμους），美诺之父。

苏 你说的向往是什么意思？是确保自己得到它的意思吗？

美 还能有什么意思？

苏 【d】他认为坏的事物对拥有它的人有益，或者说他知道这些事物会伤害他？

美 有些人相信坏的事物对他们有益，其他人知道坏事物会伤害他们。

苏 你认为那些相信坏的事物有益于他们的人知道这些事物是坏的吗？

美 不，我不这样认为，但我无法全信这一点。

苏 那就清楚了，那些不知道事物是坏的人不向往坏的事物，【e】但他们向住那些他们相信是好的，而实际上是坏的事物。由此可见，那些对这些事物没有知识、但相信它们是好的人显然向住好的事物。不是这样吗？

美 很像是这样的。

苏 那么好，那些你说向往坏事物的人，相信坏事物伤害它们的拥有者，知道这些拥有者会被它们伤害吗？

美 肯定知道。

苏 【78】他们不认为那些受到伤害的人是可悲的吗，就其被伤害而言？

美 这也是不可避免的。

苏 那些可悲的人是不幸福的吗？

美 我也这样认为。

苏 有人希望可悲和不幸福吗？

美 我不这样认为，苏格拉底。

苏 那么，没有人想要坏的事物，美诺，除非他确实想要这样做。因为除了向往并确保得到坏事物，其他还有什么事情是可悲的？

美 【b】你好像是对的，苏格拉底，无人想要得到坏事物。

苏 你刚才不是说，美德就是向往好事物并有能力确保获得它们吗？

美　是的，我说过。

苏　在这个表述中，向往这一点对每个人来说都是共同的，在这一点上没有人会比其他人更好。

美　似乎如此。

苏　那么显然，如果一个人比另一个人更好，那么他必定更好地确保得到它们。

美　是这样的。

苏　那么，按照你的论证，【c】确保获得好事物的能力就是美德。

美　我认为，苏格拉底，事情完全就像你现在理解的一样。

苏　那就让我们来看你说的是否对，也许你是正确的。你说获取好事物的能力就是美德吗？

美　是的。

苏　所谓好事物，举例来说，你指的是健康和财富吗？

美　是的，也指获取金银财宝、在城邦里获取荣耀和职务。

苏　所谓好事物，你指的不是这些事物以外的其他好事物吗？

美　不，我的意思是所有这一类事物。

苏　【d】很好。美诺，你真是波斯大王的世交，按照你的看法，美德就是获取金银的能力。你要在获取这个词前面加上公正地和虔诚地这些词，美诺，还是认为加不加无所谓，哪怕是不公正地获取这些东西，你也仍旧称之为美德吗？

美　肯定不会，苏格拉底。

苏　那么你会称之为邪恶？

美　确实，我会。

苏　由此看来，这种获取必须伴随公正、【e】节制、虔诚，或者美德的其他部分；如果不伴随，它就不是美德，哪怕它提供了好的事物。

美　没有这些事物，怎么能有美德呢？

苏　那么，当不公正地这样做的时候，无论是为自己还是为他人，不仅不能获取金银，而且也不能获取美德。

美　好像是这样的。

苏　所以，提供这样的好东西不会比不提供这样的好东西更是美德，【79】但是很显然，无论怎么做，只要伴随着公正就是美德，任何不与这类事情相伴的行为就是邪恶。

美　我认为，事情必定像你所说的那样。

苏　我们前不久说过，这些事物各自都是美德的一部分，亦即公正、节制，以及所有这样的事物，是吗？

美　是的。

苏　那么，你在耍我，美诺。

美　怎么会呢，苏格拉底？

苏　因为我刚才请求你别把美德打成碎片，并且向你示范了应当如何回答问题。而你并没有加以注意，【b】反而告诉我美德就是公正地获取那些好东西，你还说，公正是美德的一部分。

美　我说了。

苏　所以，从你同意的看法可以推论，你的任何行为在进行的时候伴随着美德的部分就是美德，因为你说公正是美德的一部分，就像所有这样的性质一样。我为什么要这么说？因为当我请求你把作为一个整体的美德告诉我的时候，你远远没有告诉我它是什么。倒不如说，你说每一行动若伴随着美德的一个部分，它就是美德，【c】就好像你说过作为一个整体的美德是什么似的，所以我已经知道了这一点，哪怕你把它弄成碎片。我认为，如果采取每一行动时伴随着美德的一部分就是美德，那么你必须从一开始就面对这个同样的问题，我亲爱的美诺，亦即什么是美德？这是某个人在说的话，采取某个行动伴随着公正就是美德。你不认为你应当再次面对这个同样的问题吗，或者你认为一个人不知道美德本身，却能知道什么是美德的部分？

美　我不这样认为。

苏　【d】如果你还记得，我在回答你有关形状问题的时候，我们拒绝了那种试图使用那些仍旧是考察的主题，然而使用尚未取得一致意见的术语作出的回答。

美　我们拒绝这种回答是对的。

苏　那么，当然了，我的好先生，你一定不认为，当作为一个整体的美德的性质仍旧处在考察之中时，用那些你能对任何人说清楚它的性质的美德部分的术语，或者通过这种方式的讲述能够弄清其他事情的方式，能够解决问题，而这样做只会使同样的问题再次摆在你面前——【e】当你叙说你说的这些事情时，你能找到美德的什么本性？或者说，你认为我这样说没什么意义？

美　我认为你说得对。

苏　那就重头开始回答我的问题：你和你的朋友说什么是美德？

美　【80】苏格拉底，甚至在我见到你以前我就听说，你总是处于一种困惑的状态，你也把其他人带入这种状态，我现在认为你在耍我和骗我，把我置于你的符咒之下，所以我现在相当困惑。确实，跟你开个玩笑，你就像一条扁平的鳐鱼，不仅样子像，各方面都像，无论谁靠近它，碰到它，就会全身麻痹，【b】你现在就好像对我产生了这种效果，我的心灵和嘴唇都麻木了，我没有办法回答你的问题。尽管我在大庭广众之下上千次地谈论过美德，而且我认为我讲得非常好，但是现在我竟然说不出什么是美德。我想你是聪明的，不离开雅典去别的地方居住，因为你要是在另一个城邦作为一名外邦人也这样行事，你会因为实施巫术而被驱逐。

苏　你是个无赖，美诺，我几乎上了你的当。

美　你干吗说得这么直白，苏格拉底？

苏　【c】我知道你为什么要把我刻画成这种形象了。

美　你为什么认为我这样做了？

苏　噢，我也该刻画一下你的形象，作为回报。我知道，所有英俊的男人对他们自己的形象都感到欣喜；这是他们的长处，我认为漂亮的人的形象也是漂亮的，所以我不再刻画你的形象作为回报。如果说鳐鱼本身是麻木的，并且使其他东西麻木，那么我和它有点像，但在其他方面就不像了，因为我在使别人困惑的时候，我本人并没有答案，当我引起其他人的困惑时，我比其他人更加困惑。所以，我现在不知道什么是美德；【d】在你与我接触之前你也许是知道的，而你现在肯定像一个不知道的人。不管怎么说，我想和你一起考察和探讨美德可能是什么。

美 你连它是什么都不知道，苏格拉底，又如何去寻找呢？你会把一个你根本不知道的东西当作探索的对象吗？哪怕你碰到它，你怎么知道它就是那个你不知道的东西呢？

苏 【e】我知道你想说什么，美诺。你明白你正在提出一个什么样的争论者的论证吗，一个人既不能寻找他知道的东西，也不能寻找他不知道的东西？他不能寻找他知道的东西——因为既然他知道，也就不需要再去寻找——他也不能寻找他不知道的东西，因为他不知道自己要寻找什么。

美 【81】这个论证在你看来不健全吗，苏格拉底？

苏 在我看来不健全。

美 你能告诉我为什么吗？

苏 可以。我听一些聪明的男人和妇女谈论神圣的事务……

美 他们说什么？

苏 我认为，他们说的既是真实的，又是美好的。

美 他们说了什么，他们是谁？

苏 说这些事的人是男祭司和女祭司，【b】他们关心的是能解释他们的祭司活动。品达也谈论过这种事，我们的诗人中也有许多受到神灵的激励。他们说过这样一些话，看你是否把他们说的当作真理。他们说，人的灵魂是不朽的；在某些时候它走向终结，他们称之为死亡；在某些时候它会再生，但它决不会毁灭，所以，人必须尽可能虔诚地生活。"珀耳塞福涅①会在第九年返回阳间，对那些遭受厄运的灵魂进行惩罚，【c】从它们中间产生高贵的国王，无比强大，充满智慧，在后来

---

① 珀耳塞福涅（Φερσεφόνα），希腊神话中的冥后，主神宙斯与谷物女神得墨忒耳所生。她在地面上采花时，大地突然开裂，冥王哈得斯跳出来把她劫走，带入冥府，强娶为妻。为此，得墨忒耳悲痛万分，到处寻找，致使田地荒芜，到处饥懂。宙斯命令哈得斯每年春天允许珀耳塞福涅回到母亲身边。

的时代里被人称为神一般的英雄。"① 由于灵魂是不朽的，重生过多次，已经在这里和在地下世界看见过所有事物，没有什么是它不知道的；所以灵魂能把它从前知道的事情，【d】有关美德和其他事情，回忆起来，一点儿也不值得惊讶。由于整个自然都有亲缘关系，灵魂已经学习了一切事物，没有任何东西能够阻止一个人，在回忆起一件事情以后——这个过程人们称之为学习——去为他自己发现其他的一切，如果他是勇敢的，能持之以恒地探索，从不懈怠，因为探索和学习，作为一个整体，就是回忆。因此，我们一定不要相信这个争论者的论证，因为它会使我们懈怠，只有懦弱者喜欢听到它，【e】而我的辩证法②会使他们振奋精神，热心探索。我相信这是真的，我想与你一道考察美德的本质。

美　是的，苏格拉底，但是你说我们不在学习，所谓学习只不过是回忆罢了，这样说是什么意思？你能把这一点也教给我吗？

苏　如我刚才所说，美诺，你是个小无赖。当我说没有教、只有回忆的时候，【82】你现在问我是否能教你，你在伺机发现我自相矛盾的地方。

美　不，宙斯在上，苏格拉底，我这样说不是我的意图，而只是我的习惯。如果你能以某种方式说明事情是像你说的这样，那就请你说吧。

苏　这不是一件容易的事，但既然这是你的要求，我愿意尽力而为。【b】你有很多跟班，喊一个过来，随便哪一个，我拿他来证明给你看。

美　行。噢，你，过来一下。

苏　他是希腊人吗？他说希腊语吗？

美　是的，很地道。他是我家生家养的奴隶。

苏　注意听，看他是在回忆，还是在向我学习。

---

① 品达：《残篇》133。原文为诗歌。

② 辩证法（διαλετικός）。

美 我会注意的。

苏 告诉我，孩子，你知道有一种正方的图形吗，就像这个一样？①

童 知道。

苏 【c】那么，正方形就是它的四条边都相等的图形吗？

童 是的，确实如此。

苏 它也有穿过中点的这些相等的线段吗？

童 是的。

苏 这样的图形可以大一些，也可以小一些，是吗？

童 是的。

苏 好，如果这条边长两尺，这另外一条边也长两尺，那么整个是多少尺？你这样想：如果它的这条边有两尺，而那条边只有一尺，岂不是马上就可以知道这个图形是两尺吗？

童 是的。

苏 【d】如果这条边也长两尺，那么它肯定就是两尺的两倍，是吗？

童 是的。

苏 二乘二是多少？算算看，把结果告诉我。

童 四，苏格拉底。

----

① 苏格拉底在沙地上画了一个正方形 ABCD，然后对那个童奴说话。"穿过中点的线段"指把这些边长的中点连接起来的线段，它们也同时穿过正方形的中心，亦即线段 EF 和 GH。

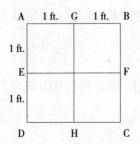

苏　我们现在可以画一个图形，它的大小是这个图形的两倍，而它的四条边也像这个图形一样相等。

童　是的。

苏　那会是多少尺？

童　八尺。

苏　来吧，试着告诉我它的边长是多少。【e】这条边是二尺。是它的两倍的那些边的边长是多少？

童　这很明显，苏格拉底，它会是这个长度的两倍。

苏　您瞧，美诺，我没有教这孩子任何东西，而只是在对他提问。现在他认为他知道这条线的长度，这个八尺的图形以这条线为基础。你同意吗？

美　我同意。

苏　他知道吗？

美　肯定不知道。

苏　他认为这条线是这个长度的两倍。

美　是的。

苏　现在来看他如何按秩序进行回忆，因为人必须回忆。告诉我，孩子，一个大小是两倍的图形以长度是两倍的线段为基础吗？【83】我说的图形是这样的图形，不是一条边长，一条边短，而是像这个图形一样，各条边全都相等，而大小是这个图形的两倍，也就是说是八尺。想一想，你是否仍旧相信这个图形以长度是它两倍的线段为基础。

童　我相信。

苏　好吧，现在如果我们在这里加上同样的长度，这条线段是否就加倍了呢？

童　是的，确实如此。

苏　那么一个八尺的正方形会以它为基础，如果我们有四条这么长的线段？

童　是的。

苏 【b】好吧，现在让我们从它开始画四条相等的线段，它确实就是你说的八尺的正方形吗？

童 当然。

苏 这个图形里有四个正方形，每一个都和这个四尺的正方形相等吗？

童 是的。

苏 那么它有多大？不是有原来那个图形四倍那么大吗？

童 当然了。

苏 那么大小是原来那个图形四倍的这个正方形是它的两倍吗？

童 不是，宙斯在上。

苏 那么这个图形的大小是原来那个图形的几倍？

童 四倍。

苏 【c】那么，我的孩子，以两倍边长的线段为基础的图形的大小不是原来图形的两倍，而是四倍，对吗？

童 你说的对。

苏 四乘四等于十六，不是吗？

童 是的。

苏 八尺大小的正方形要以多长的线段为基础呢？按照这条线我们得到的是一个四倍大小的正方形，不是吗？

童 是的。

苏 现在这个四尺的正方形是以这条线段为基础的，它是这个长度的一半，是吗？

童 是的。

苏 很好。这个八尺的正方形不是这个图形的两倍，也不是那个图形的一半①，是吗？

童 是的。

---

① 亦即，八尺的正方形是四尺的正方形的两倍，是十六尺的正方形的一半，以两尺长的线段为基础使正方形加倍，以四尺边长的线段为基础使正方形减半。

苏　被当作基础的这条线段比这条长，【d】比哪条短吗？不是这样吗？

童　我想是的。

苏　很好，你怎么想就怎么说。现在告诉我，这条线段不是两尺，那条线段不是四尺，对吗？

童　对。

苏　这条作为八尺的正方形的基础的线段一定比这个两尺的正方形的边长要长，比那个四尺的正方形的边长要短，是吗？

童　必定如此。

苏　【e】那么试着告诉我，你说这条边有多长。

童　三尺。

苏　如果是三尺，让我们添上这条边的一半，它就是三尺，对吗？这一段是二，这一段是一。在这里，也同样，这些是两尺，这一段是一尺，这样一来，你说的整个图形就出来了，是吗？

童　是的。

苏　如果这条边是三尺，那条边也是三尺，整个图形的大小会是三尺乘三尺吗？

童　好像是这样的。

苏　三尺乘三尺是多少？

童　九尺。

苏　那个大小加倍了的正方形是多少尺？

童　八尺。

苏　所以，八尺的图形不能以三尺的线段为基础，是吗？

童　显然不能。

苏　【84】但是它要以多长的线段为基础呢？试着准确地告诉我们，如果你不想计算，可以在图上指给我们看。

童　宙斯在上，苏格拉底，我不知道。

苏　你要明白，美诺，他的回忆到了哪一步。开始的时候他不知道八尺的正方形的基本线段是什么；那个时候他以为自己知道，充满自信地作了回答，就好像他知道似的，他也不认为自己有什么困惑，然而到了现在他还是不知道，他认为自己处在困惑之中，就好像他不知道，【b】也不认为他知道。

美　没错。

苏　所以，涉及他不知道的事情，他现在处于一个比较好的位置吗？

美　我也同意这一点。

苏　我们像鳐鱼一样使他困惑和麻木，这样做给他带来什么伤害了吗？

美　我不这样认为。

苏　确实，我们可能已经获得了一些东西，与寻找到事情的真相有关，因为现在，由于他不知道，所以他乐意去寻找，而此前他认为他能够轻易地在大庭广众之下发表精美的演说，【c】对着大批听众谈论使正方形的大小加倍，说它必定要以两倍长度的线段为基础。

美　好像是这样的。

苏　你认为，在他试图发现他认为自己知道而实际上不知道的东西之前，在他陷入困惑、明白自己不知道之前，他会期望知道吗？

美　我不这样认为，苏格拉底。

苏　那么让他麻木一下会使他受益吗？

美　我是这么想的。

苏　现在来看，在与我一道寻找时，他如何走出他的困境。我只是提问，不教他，其他什么也不做。【d】你注意看我有没有教他什么，或者向他解释什么，而不只是询问他的看法。

孩子，你告诉我，这不就是一个四尺的图形吗？你明白吗？

童　我明白。

苏　我们在这个图形边上再加一个和它相同的图形，好吗？

童　好。

苏　还能再加上第三个相同的图形吗？

童　能。

苏　还能在这个角落的位置^①添上一个图形吗？

童　肯定能。

苏　所以我们有了这四个相同的图形吗？

童　是的。

苏　【e】很好，那么整个图形的大小是这一个^②的几倍？

童　四倍。

苏　我们想要得到的图形的大小是第一个图形的两倍，或者说你不记得了？

童　我肯定记得。

苏　【85】从这个角到那个角的连线把这些图形分割成两半吗？^③

童　是的。

---

① 苏格拉底现在画一个十六尺的正方形，他先添上两个四尺的正方形，如下图，然后在这个角落的位置再添上一个四尺的正方形，由此完成包含四个四尺的正方形的十六尺的正方形。

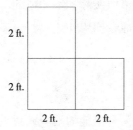

② "这一个"指内在于整个正方形的任何一个面积为四平方尺的小正方形。

③ 苏格拉底现在画四个内在的正方形的对角线，亦即 FH,HE,EG,GF，共同构成正方形 GHFE。

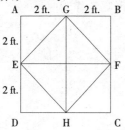

苏　这四条相同的线段把这个图形① 包围起来了吗?

童　是的。

苏　现在考虑: 这个图形有多大?

童　我不明白。

苏　这里面一共有四个图形, 这些对角线把它们对半分割, 不是吗?

童　是的。

苏　在这个图形② 中, 有几个这样大小的图形?

童　四个。

苏　在这个图形中, 有几个这样大小的图形?　③

童　两个。

苏　四和二是什么关系?

童　【b】两倍。

苏　这个图形④ 有多大?

童　八尺。

苏　它以什么线段为基础?

童　以这条线段为基础。

苏　这条线段, 从这个四尺图形的一个角延伸到另一个角吗?

童　是的。

苏　能干的人把它称作对角线, 所以, 如果对角线是它的名称, 你说这个两倍的图形以这条对角线为基础吗?

童　非常确定, 苏格拉底。

苏　你怎么认为, 美诺?【c】他的回答中有没有不是他自己的看法?

---

① 亦即 GFHE。

② 又指 GFHE, 苏格拉底正在问从 GFHE 有多少个三角形可以割取。

③ 亦即任何一个内在的正方形。

④ 又指 GHFE。

美　没有，全都是他自己的。

苏　然而，我们不是前不久还说过他不知道吗？

美　对。

苏　所以这些看法在他身上，还是不在他身上？

美　在。

苏　所以，一个不知道的人在他身上可以有对他不知道的事物的真的看法吗？

美　好像是这样的。

苏　这些刚被激发出来的看法就像是梦，如果有人不断地以各种方式问他这些相同的问题，【d】你知道，到了最后，他关于这些事情的知识会像其他人的知识一样准确。

美　好像是这样的。

苏　他知道这些知识不是通过教，而只是接受提问，在他自身中寻找到这种知识。

美　是的。

苏　在他自身中寻找到知识不就是回忆吗？

美　当然是。

苏　他必定是在某个时候获得了他现在拥有的知识，否则他就是始终拥有知识？

美　是的。

苏　如果他始终拥有知识，那么他会始终知道。【e】如果他的知识是获得的，那么他的知识不是今生得来的。或者说，有人教过他几何学？因为他会以同样的方式表现出他拥有全部几何学知识，还有其他所有知识。有人教过他这些事情吗？你应该知道，尤其是，他是在你家里家生家养的。

美　但是据我所知，没有人教过他。

苏　然而，他拥有这些看法，或者说他没有？

美　我们似乎也无法说他没有这些看法，苏格拉底。

苏　【86】如果他的这些看法不是今生得来的，岂非清楚地表明他是在其他时候拥有和学到这些看法的吗？

美　似乎如此。

苏　那么是在他还不是人的时候？

美　是的。

苏　所以，在他存在而又还不是人的时候，他有了真实的见解，这些见解被提问激发出来，变成知识，他的灵魂不会在所有时候都在学习，是吗？因为很清楚，在他存在的所有时间里，他要么是人，要么不是人。

美　好像是这样的。

苏　【b】那么，如果有关实在的真理始终存在于我们的灵魂之中，灵魂必定是不朽的，正因如此，你才会始终充满自信地试图寻找和回忆你现在不知道的东西——这就是回忆，而你不把它称作回忆，是吗？

美　我似乎有理由相信你说的是对的。

苏　我也这么想，美诺。我不坚持说我的论证在其他各方面都是对的，但是我想要不惜一切代价，竭尽全力，用我的言词和行动，使我们能够成为比较好的人，比较勇敢而不那么懒惰，如果我们相信一个人必须探索那些不知道的事情；【c】而不是相反，如果我们相信寻找我们不知道的事情是不可能的，我们一定不要去寻找。

美　在这一点上我也认为你的看法是对的，苏格拉底。

苏　既然我们看法相同，人必须去探索和发现他不知道的东西，那么我们是否应当一道去试着发现什么是美德？

美　当然了。苏格拉底，我会非常高兴地参加考察，聆听你对我最初那个问题的回答，我们还应当尝试一下这个假设，【d】美德是某种可教的东西，或者说它是一种天赋，或者说它是以某种方式到人这里来的。

苏　如果我是在指点你，美诺，而不是自己在进行思考，那么我们不应当考察美德是否可教的问题，或者说，在我们考察了美德本身是什么这个问题之前不应当这样做。但由于你甚至不想主宰你自己，为的是你可以是自由的，而是想要统治我，并且这样做了，我只好同意你的意见——因为我又能怎么办呢？所以看起来，我们必须在还不知道某个事物的本性的时候去考察它的某些性质。【e】不过请你为了我放松一下你的统治，我同意考察它是否可教，或者使用假设的方法。所谓假设，我指的是几何学家在进行考察时常用的这种方法。【87】比如，如果有人问他们，是否有某个具体的区域能以一个给定的圆中的三角形来表达，他们中的某个人会说："我还不知道这个区域是否有这种性质，但是我认为我可以使用一个对解决这个问题有用的假设。这个假设是这样的：如果这个区域是这样一种情况，有人把它当作一个长方形来运用于某个圆中某条给定的直线，【b】如果拿这个图形和另一个同类的图形相比，它是有缺陷的，那么我会考虑一种替代的结果，而其他结果根本不可能发生。所以，通过使用这个假设，我愿意告诉你，是否有可能在这个圆中表达这个图形的结果——也就是说，它是否可能。"所以，让我们也用这样的方式谈论美德，因为我们不知道它是什么或者它有什么性质，让我们用假设的方法考察它是否可教，并且可以这样说，在存在于灵魂之中的事物中，哪一类东西是美德，它是否可教？首先，如果它是知识以外的某种东西，它是否可教，【c】或者如我们刚才所说，它是否可以回忆？别在意我们用的是哪个词，这没有什么区别。它可教吗？或者任何人都很清楚，除了知识，没有任何东西能教给人，对吗？

美　我认为是这样的。

苏　但若美德是一种知识，那么它显然可教。

美　当然。

苏　我们已经很快地处理了这个问题，如果它是这种东西，它能教，如果它是其他不同种类的东西，它不能教。

美　我们确实这样做了。

苏　下面要考虑的要点似乎是，美德是知识还是别的什么东西。

美　【d】这好像是下面要考虑的要点。

苏　好吧，我们说美德本身是某样好东西，这个假设对我们来说可靠吗，它是某样好东西吗？

美　当然。

苏　如果有什么好东西和知识不同，与知识分离，那么美德很可能不是一种知识；但若没有什么好东西是知识所不能囊括的，我们猜想美德是一种知识，那就对了。

美　是这样的。

苏　【e】美德肯定使我们变好吗？

美　是的。

苏　如果我们是好的，那么我们是受益的，因为一切好的事物都是有益的。不是这样吗？

美　是这样的。

苏　所以美德是某种有益的东西吗？

美　从我们已经同意了的观点中必定可以推论出这一点来。

苏　让我们来考察什么样的事物对我们有益，一样样地把它们说出来。我们说，有健康、美貌，还有财富。我们说这些东西，以及其他相同种类的东西，有益于我们，我们没有这样说过吗？

美　我们说过。

苏　然而我们还说过，这些事物有时候也带来伤害。【88】你同意还是不同意这种说法？

美　我同意。

苏　那么，请看，在每一事例中决定这些事物对我们有益还是有害的主要因素是什么？不就是正确使用它们对我们有益，错误地使用它们对我们有害吗？

美　当然。

苏　现在让我们看一下灵魂的性质。有这样一些东西你称之为节制、公正、勇敢、理智、强记、慷慨，等等吗？

美　有。

苏　【b】考虑一下这些东西有哪一个你相信不是知识，而是与知识不同的东西；它们不是有时候伤害我们，有时候对我们有益吗？以勇敢为例，如果勇敢者不聪明那就是鲁莽；一个人鲁莽的时候是没有理智的，他会受到伤害，当他有理智的时候，他会受益。

美 是的。

苏 这对节制和思想敏锐来说也一样，学会它们并理智地加以使用，那么它们是有益的，如果没有理智，那么它们是有害的，不是吗？

美 确实如此。

苏 【c】简言之，灵魂从事和承受的一切，如果由智慧指导，其结局就是幸福；但若由无知来指导，其结局正好相反，是吗？

美 很像是这样。

苏 那么，如果美德是灵魂中的某种东西，它必定是有益的，它必定是知识，因为灵魂所有性质本身既不是有益的也不是有害的，【d】而由于伴随着智慧或愚蠢，它们变成有害的或有益的。这个论证表明，美德是有益的，它必定是某种智慧。

美 我同意。

苏 再说，我们刚才提到过的其他事物，比如财富等等，有时候是好的，有时候是有害的。正如灵魂的其他性质，有智慧的指引，这些事物就是有益的，由愚蠢来指引，【e】这些事物就是有害的，所以在这些事例中，如果灵魂正确地使用和指引它们，会使它们有益，如果错误地使用它们，则对它们有害，不是吗？

美 确实如此。

苏 聪明的灵魂正确地指引它们，愚蠢的灵魂错误地指引它们吗？

美 是这样的。

苏 所以，人可以这样论说一切事物；人的所有其他活动依赖于灵魂，灵魂本身的活动依赖于智慧，【89】假定这些活动是好的。按照这一论证，有益的应当是智慧，我们说美德是有益的吗？

美 当然。

苏 所以我们说美德是智慧，无论是美德的整体，还是美德的部分，是吗？

美 你所说的，苏格拉底，在我看来相当正确。

苏 那么，如果是这样的话，善者并非依其本性而是善的，对吗？

美 我不这样认为。

苏　【b】如果它们是这样的，就会有下列推论：如果善者依其本性而是善的，那么我们就会有这样的人，他们知道年轻人中间有哪些人依其本性是善的；我们会把他们挑出来的人送往卫城①抚养，派人看守，在门上贴上封条，比保管金子还要小心，不让其他人腐蚀他们，让他们成年时可以为国家所用。

美　这样做相当合理，苏格拉底。

苏　【c】由于善者并非依其本性而是善的，那么是学习使他们成为善的吗？

美　必定如此，我现在是这样想的，苏格拉底，很清楚，按照我们的假设，如果美德是知识，那么它是可教的。

苏　也许是吧，宙斯在上，但我们对此表示同意也许不对。

美　然而，它刚才好像还是对的。

苏　如果它非常健全，那么我们不仅要想到它刚才是对的，还要想到它现在和将来也是对的。

美　【d】这里的难处是什么？你心里想到了什么，所以你不喜欢它，怀疑美德是知识？

苏　我会告诉你的，美诺。如果美德是知识，那么它是可教的，我不是说这样说是错的，而是要看是否可以合理地怀疑美德是知识。告诉我这一点：如果不仅有美德，而且还有其他什么东西是可教的，难道不会必定有人教它，也有人学它吗？

美　我是这样想的。

苏　【e】还有，如果与此相反，某样事物既没有人教，也没有人学，我们能够正确地假定这个主题不可教吗？

---

① 卫城（ἀκρό-πολις），原意是设防的居民聚居点。这是个合成词。ἀκρό 的意思是"高"，πολις 的意思是"城、城邦"。卫城最早建在山上或高地上，便于防守，后来由于农耕的发展和定居的需要，也建于平原或河畔，以城墙和城堡为防卫，遂成为拥有生产场所和宗教生活中心的城市。一个城市加上周围面积大小不等的乡村，成为城邦。

美　是这样的，但是，你认为美德没有教师吗？

苏　我经常在试图寻找有无美德的教师，尽管我竭尽全力，但还是找不到。我在寻找的时候有许多人的帮助，特别是那些我相信在这种事情上最有经验的人。不过，现在，美诺，阿尼图斯①在这里正好有机会跟我们坐在一起。让我们和他分享我们的探索。【90】我们这样做是合理的，因为安尼图斯，首先我们得说他是安塞米翁②之子，安塞米翁非常富有，也很有智慧，但他不是自动变得很富有，或者是像底比斯人伊司美尼亚③那样得到了馈赠，他最近获得了波吕克拉底④的财产，凭的是他自己的智慧和努力。其次，他好像从来不显得傲慢、自夸和冒犯他人，【b】而是言行举止非常体面和庄重。还有，他很好地抚养、教育了我们在这里的这位朋友，如大多数雅典人所相信的那样，因为他们正在选他担任最高公职。所以在像他这样的人的帮助下寻找美德的教师是对的，无论有无这样的教师，如果有的话，他们是谁。因此，阿尼图斯，请你参加我和你的客人朋友美诺的讨论，我们想要考察的是谁是美德的教师。请你这样想，【c】如果我们想使美诺成为一名好医生，我们应当把他送到什么样的老师那里去？我们难道不该把他送到医生那里去吗？

阿　当然。

苏　如果我们想使他成为一名好鞋匠，那么把他送到鞋匠那里去，是吗？

阿　是的。

苏　其他行业也一样吗？

阿　当然。

苏　就此相同的主题，请再以这种方式告诉我，我们说想要让他成为医生，把他送到医生那里去，这样说是对的；【d】每当我们这样说的

---

① 阿尼图斯（Άνυτος），苏格拉底的指控人之一，参阅《申辩篇》23e。

② 安塞米翁（Άνθεμίωνος），人名。

③ 伊司美尼亚（Ίσμηνίας），人名。

④ 波吕克拉底（Πολυκράτης），人名。

时候，我们的意思是宁可把他送到那些实践这种技艺的人那里去，不要把他送到不实践这种技艺的人那里去，这些人为了这种实践而收取费用，并且表明他们自己是任何想要到他们这里来学习的人的老师。不正是有这种想法在心里，我们把他送去才是对的吗？

阿　是的。

苏　对于吹笛子和其他行当来说，这样说也是对的吗？【e】有些人想使某人成为一名笛手，但又拒绝送他去见那些自称教这门技艺并因此而挣钱的人，而是给其他人找麻烦，这些人并不想做这方面的教师，也没有学生，而我们却想把他送到他们那里去，向他们学习，要是这样做，会是非常愚蠢的，不是吗？你难道不认为这样做非常不合理吗？

阿　宙斯在上，我是这样认为的，这些人的做法非常无知。

苏　相当正确。然而，你现在可以和我谈论一下在这里的美诺、我们的客人朋友了。他曾经告诉我，阿尼图斯，他渴望获得智慧和美德，【91】这种东西使男人能够很好地管理家庭和他们的城邦，照顾好他们的父母，能像一名善人那样，知道如何欢迎和送别本邦公民和外邦人。【b】考虑一下，要学习这种美德，我们应当把他送去见谁呢？或者说，要是按照我们刚才所说，我们显然应当送他去见那些自称为美德教师的人，他们愿意为任何希望学习的希腊人提供服务，他们的服务要收取确定的费用，是吗？

阿　你说的这些人是谁，苏格拉底？

苏　你肯定知道他们是那些被人们称作智者的人。

阿　【c】赫拉克勒斯①在上，嘘，别出声，苏格拉底。但愿我的亲朋好友，无论是雅典人还是外邦人，不会发疯，乃至于要到那些人那里去，被他们伤害，因为他们显然会带来毁灭，他们在腐蚀他们的追随者。

苏　你什么意思，阿尼图斯？这些人也声称知识是有益的，但竟然如此不同，不仅不能像其他人那样，有益于其他人托付给他们的人，反

---

① 赫拉克勒斯（Ἡρακλῆς），神名。

而要腐蚀他们，【d】甚至还厚颜无耻地期待在这一过程中挣钱，是吗？我发现我很难相信你，因为我知道是有一个人，普罗泰戈拉，从他的这种知识中挣的钱比一个有那么多著名作品的斐狄亚斯①，再加十个雕刻匠挣到的钱还要多。你说的事情确实很特别，如果能找到那些修补拖鞋和衣服的人，【e】他们在一个月里把拖鞋和衣服补好了，但是这些拖鞋和衣服比送来补的时候更破了；如果是这样的话，他们很快就得饿死，而整个希腊竟然在 40 年里没有注意到普罗泰戈拉在腐蚀那些与他频繁来往的人，在送他们走的时候，这些人的道德状况比他们刚来的时候更糟。我相信他死的时候已经快 70 岁了，从事他的技艺已有 40 年。整个这一时期，到今天为止，他的声誉一直很高；不仅普罗泰戈拉是这种情况，其他许多人也是这种情况，有些出生得比他早，【92】有些到今天仍旧活着。我们可以说，你认为他们是在故意欺骗和败坏青年，或者并不明白自己在干什么吗？我们要把这些被某些人认为最聪明的人视为疯子吗？

　　阿　他们远远不是疯了，苏格拉底。倒不如说，是那些向他们付钱的年轻人疯了，【b】更糟糕的是那些亲属把他们的年轻人托付给智者，大多数城邦允许他们到来，也不驱赶试图以这种方式行事的本邦公民和外邦人。

　　苏　有智者伤害过你吗，阿尼图斯，或者说，你为什么那么恨他们？

　　阿　没有，宙斯在上，我从来没有和智者打过交道，我也不允许我们的人民这样做。

　　苏　所以你对他们完全无任何经验可谈？

　　阿　但愿我没有这种经验。

　　苏　【c】噢，我的好先生，如果你对智者完全没有任何经验，你怎么能够知道他们的教导是好还是坏？

　　阿　这很容易，因为我知道他们是谁，无论我对他们有无经验。

---

① 斐狄亚斯（Φειδίας），雅典著名雕刻匠。

苏　你也许是个巫师，阿尼图斯，根据你自己说的话，我无法想象你是如何知道这些事情的。不过，【d】让我们不要试着去寻找谁的陪伴会使美诺邪恶——如果你喜欢，就让他们是智者好了——而是告诉我们，为了有益于你的在这里的这位你们家族的朋友，在这么大一个城邦里，他应当去谁那里，去某个值得去的地方，获得我刚才描述的这种美德。

阿　你自己为什么不告诉他？

苏　我确实提到过那些我认为是美德教师的人，【e】但是你说我错了，也许你是对的。所以还是你来告诉他，在雅典人中他应当去谁那里。告诉他你想要他去找到的人的名字。

阿　为什么要告诉他具体的人的名字？如果他愿意听从劝导，他遇到的每一位雅典绅士都比智者更能够使他变好。

苏　这些绅士没有向任何人学习，自动地变成有美德的，【93】并且能够把他们本人从来没有学过的东西教给其他人吗？

阿　我相信这些人向那些在他们之前的绅士学习过，或者说你不认为这个城邦里有很多好人？

苏　我相信，阿尼图斯，在这里有许多人在处理公共事务时是好的，过去也有许多好人，但是他们也是教他们自己美德的好教师吗？这是我们正在讨论的要点，我们问的不是这里有没有好人，【b】或者过去有没有好人，而是我们考察了很长时间的美德是否能教。在这个考察过程中，我们正在询问现在和过去的好人是否知道如何把他们自己拥有的美德传授给别人，或者说一个人能否把它传授给其他人，或者从其他人那里接受它。这是美诺和我长时间考察的问题。我们要以这样的方式来看待这个问题，【c】要依据你自己已经说过的话。你不会说塞米司托克勒①是个好人吗？

阿　我会这样说。他甚至是最优秀的人。

───────────────

① 塞米司托克勒（Θεμιστοκλές），公元前 5 世纪雅典著名政治家，反波斯战争中的领袖。

苏　因此他是教他自己美德的一名优秀教师，如果有这样的人的话？

阿　我是这样想的，如果他想要成为这样的人。

苏　但是你认为他不想要其他人成为高尚的人，尤其是他的儿子吗？或者你认为他会妒忌这一点，【d】因此故意不把自己的美德传给他的儿子吗？你难道没有听说他教自己的儿子克莱俄芳图① 成为一名优秀的骑手吗？他能直立在马背上投镖枪，还能做其他许多惊人的事情，这是他父亲教他的，是他擅长的，这些事情都需要好教师。你从你的长辈那里没听说过这件事吗？

阿　我听说过。

苏　所以人们不能因为这个儿子在美德方面的缺陷而责备他天赋不佳，【e】对吗？

阿　也许不能。

苏　但你是否曾听任何人，年轻的或年老的，说克莱俄芳图、塞米司托克勒之子，是个好人和聪明人，像他父亲一样呢？

阿　从来没有。

苏　我们相信，他想要教他的儿子其他事情，但却不能比他的邻居更好地教他本身拥有的这种技艺，如果美德确实可教，对吗？

阿　也许不对，宙斯在上。

苏　然而，如你刚才所同意的那样，他是过去最优秀的美德的教师之一。【94】让我们考虑另外一位，吕西玛库② 之子阿里斯底德③。你同意他是个好人吗？

阿　我非常肯定。

苏　阿里斯底德也给了他的儿子吕西玛库④ 雅典最好的教育，这些

---

① 克莱俄芳图（Κλεόφαντος），人名。
② 吕西玛库（Λυσίμαχος），人名。
③ 阿里斯底德（Αριστείδης），人名。
④ 此处的这位吕西玛库与其祖父同名。参阅《拉凯斯篇》179A。

科目都有教师传授，你认为他使他变得比其他人要好吗？你是他的同伴，【b】知道他是什么样的人。或者我们还可以举出伯里克利^①这位有大智慧的人。你知道他养了两个儿子，帕拉卢斯^②和克珊西普^③？

阿 我知道。

苏 像许多雅典人一样，他教他们成为优秀的骑手，教他们各种技艺，让他们接受体育训练，让他们精通这些技艺，使他们在这些方面不亚于任何人，但是他不想使他们成为好人吗？我知道他想，但这种东西是不能教的。为了不让你认为只有很少一些微不足道的雅典人在这方面是无能的，让我们想一想修昔底德^④吧，他也养了两个儿子，【c】美勒西亚^⑤和斯特芳^⑥，他在其他事情上也给过他们极好的教育。他们是雅典最好的摔跤手——他把一个儿子托付给克珊西亚^⑦，把另一个儿子托付给欧多克索^⑧，这两人被公认为他们那个时代最优秀的摔跤手，或者说你不记得了？

阿 我记得，我听说过。

苏 【d】很清楚，他不是没有教他的儿子那些要花钱才能学的东西，但他在教他们那些不花钱的东西时——使他们成为好人——失败了，如果这种事情是可教的话？或者说，修昔底德也许是个微不足道的人，他在雅典和其他盟邦里没有很多朋友，是吗？他属于一个伟大的家族；他在这个城邦和其他希腊人中有巨大影响，所以，如果美德能教，他会找到那些能使他的儿子成为好人的人来教他的儿子，【e】无论是本邦公民还是外邦人，如果他本人忙于公务，没有时间。但是，我的朋友

① 伯里克利（Περικλές），雅典大政治家。

② 帕拉卢斯（Πάραλος），人名。

③ 克珊西普（Χανθίππη），人名。

④ 修昔底德（Θουκυδίδης），人名。

⑤ 美勒西亚（Μελησίας），人名。

⑥ 斯特芳（Στέφανος），人名。

⑦ 克珊西亚（Ξανθίας），人名。

⑧ 欧多克索（Εύδώχος），人名。

阿尼图斯，美德肯定是不能教的。

　　阿　我认为，苏格拉底，你太容易得罪人了。如果你听我的话，我建议你小心为好。在其他城邦也许也是这样，但在这里肯定是这样，伤害人比有益于人要容易得多。【95】我想你自己是知道这一点的。

　　苏　美诺，我想阿尼图斯生气了，对此我一点儿也不感到惊讶。他以为，从一开始我就在诬蔑这些人，而他相信自己是其中的一员。如果他真的明白什么是诬蔑，他会停止生气的，不过他现在还不知道。你来告诉我，在你们的人中间有高尚的人吗？

　　美　肯定有。

　　苏　【b】很好，他们愿意把自己奉献给年轻人，当他们的老师吗？他们同意当老师，认为美德能教吗？

　　美　不，宙斯在上，苏格拉底，有时候你会听到他们说它能教，有些时候说它不能。

　　苏　他们在这一点上都不能取得一致意见，我们能说他们是教这种东西的老师吗？

　　美　我不这样认为，苏格拉底。

　　苏　进一步说，你认为这些智者，只有他们承认自己是美德的教师，是美德的教师吗？

　　美　【c】在这一点上我特别敬重高尔吉亚，苏格拉底，你从来就没有听他许诺过这一点。确实，当他听到他们这样宣称的时候，还嘲笑过他们。他认为，应当使人成为能干的演说家。

　　苏　那么你不认为智者是教师吗？

　　美　我不知道该怎么说，苏格拉底；像大多数人一样，有时候我认为他们是教师，有时候我认为他们不是。

　　苏　你知道吗，不仅你和其他公众人物有时候认为它能教，【d】有时候认为它不能教，诗人塞奥格尼①也说过这样的话？

---

①　塞奥格尼（Θέογνιν），公元前6世纪中期希腊人。下面的诗句引自他的《哀歌》33—36，434—438。

美　在哪里说的?

苏　在他的哀歌里,他说:"和这些人一道吃喝,与这些人做伴。讨好这些权贵,因为你从这些善人那里你会学到善。【e】如果你和恶人混在一起,你甚至会丧失你拥有的智慧。"你瞧,在这里他好像说美德能教,不是吗?

美　好像是的。

苏　在别的地方,他有点变了。他说:"如果能做这件事,那么理智就能灌输了",而那些能做这件事的人"会得到大量的、无数的金钱",还有,"好父亲不会生下坏儿子,因为他会被聪明的话语说服,【96】但你决不能把坏人教好。"你明白这位诗人在同一主题上自相矛盾吗?

美　他好像是的。

苏　你能说出其他有哪个行业,在其中那些自称是这一行业教师的人不仅不被认为是教师,而且还被人认为他们自己根本没有这个行业的知识,【b】在他们自认为能教的这个行业中非常可怜吗?或者其他有哪个行业,在其中被承认是宝贵的教师的人,有时候说它能教,有时候说它不能教吗?你能说那些对这个问题如此困惑的人能是它的有效的教师吗?

美　不,宙斯在上,我不能。

苏　那么好,如果智者和那些自身高贵的人都不是这个行业的教师,那么显然也没有其他人是这个行业的教师,对吗?

美　我不认为有其他人。

苏　【c】如果没有教师,那么也没有学生?

美　如你所说,是这样的。

苏　我们同意过,一个既无教师、又无学生的科目是不可教的吗?

美　我们同意过。

苏　现在看来,美德似乎在任何地方都没有教师,是吗?

美　是这样的。

苏　如果没有教师,那么也没有学生?

美　似乎如此。

苏　所以，美德不能教，是吗？

美　【d】显然不能教，如果我们的考察是正确的。不过，苏格拉底，我确实有点怀疑是否没有好人，或者好人是以什么方式来的。

苏　我们可能都是可怜的试验品，你和我，美诺。高尔吉亚没有恰当地教育你，普罗狄科也没有恰当地教育我。所以我们必须把注意力转移到我们自己身上，寻找某个能使我们变好的人。【e】我之所以这样说是看到我们最近的考察是可笑的，因为我们看不到，不是只有知识的指引人在他们的事务中才能获得成功，这可能也是成为好人的知识逃避我们的原因。

美　你这是什么意思，苏格拉底？

苏　我的意思是：我们同意好人必定是有益的，这是对的，不可能是别的样子。不是这样吗？

美　是的。

苏　如果他们在我们的事务中给予我们正确的指导，他们是有益的。【97】我们同意这一点也是对的吗？

美　是的。

苏　但是，如果一个人没有知识，他就不能正确地指导；在这一点上，我们的同意好像不正确。

美　你是什么意思？

苏　我会告诉你的。一个人知道去拉利萨的路，或者知道你喜欢的其他任何地方，那么他去那里，或者带别人去那里的时候，他会很好、很正确地带领他们，是吗？

美　当然。

苏　【b】如果有人对该走哪条路有正确的看法，但没有去过那里，也确实没有相关的知识，他不也能正确地引导吗？

美　肯定能。

苏　只要他在其他人拥有知识的事情上拥有正确的看法，他就不会是一个比那些有知识的人差的向导，只要他拥有真意见，尽管他没有知识。

美　他不会在各方面差。

苏　所以，真意见在指导和行为矫正上，在各个方面都不会比知识差。在我们对美德本性的考察中，这一点被我们忽略了，【c】当我们说只有知识能指导行为矫正的时候，因为真意见也能这样做。

美　似乎如此。

苏　所以，正确的意见并不比知识的用处少。

美　是的，在此范围内，苏格拉底。但是有知识的人总是获得成功，而拥有真意见的人只在有些时候获得成功。

苏　你什么意思？有正确意见的人不能始终获得成功吗，在他的意见是正确的时候？

美　看起来确实是这样的，但让我感到困惑，【d】苏格拉底，如果是这样的话，知识的价值为什么被人们看得远远高于正确的意见，它们为什么不同。

苏　你知道你感到困惑的原因吗，或者说，要我来告诉你？

美　请你务必告诉我。

苏　因为你没有注意代达罗斯①的雕像，不过，在帖撒利也许一个他的雕像也没有。

美　你这样说的时候心里想的是什么？

苏　要是不把它们捆起来，它们就会逃跑，要是把它们捆住，【e】它们就会待在原地。

美　那又怎样？

苏　获得一个未加捆绑的代达罗斯的作品值不了多少钱，就像得到一个会逃跑的奴隶，因为它不会待在原地，如果捆绑起来，就非常值钱了，因为他的作品非常美丽。我在这样说的时候心里想的是什么？真意见。因为真的意见，只要固定不动，【98】它是一样好东西，它们做的事情是好的，但是它们不愿意在一个地方待很久，会从人的心灵中逃走，所以它们没有什么价值，直到给它们提供解释的理性来把它们捆

①　代达罗斯（Δαιδάλος），希腊神话中的建筑师和雕刻家。

住。美诺，我的朋友，这就是回忆，我们前面同意过。它们被捆绑以后，也就马上变成了知识，然后它们就待在原处了。这就是知识的价值为什么远远高于正确意见的原因①，知识与正确意见的区别就在于有无捆绑。

美　是的，宙斯在上，苏格拉底，好像是这么回事。

苏　【b】确实，我讲这些话也好像不拥有知识而只是在猜测。然而，我肯定不认为我说正确意见和知识有区别是在猜测。如果我声称自己知道什么——我只在很少的一些事情上这样声称——我会把它当作我知道的事情之一。

美　应该这样，苏格拉底。

苏　那么好，当正确的意见指导着每一行动过程的时候，它不比知识差吗？

美　我认为你在这一点上也是对的。

苏　【c】那么，正确的意见既不比知识差，也不比知识在指导行动方面用处小，拥有正确意见的人也不会比拥有知识的人用处小。

美　是这样的。

苏　我们同意过好人是有益的。

美　对。

苏　那么，由于不仅通过知识，而且也通过正确意见，人是好的，而当他们是好的时候，他们对他们的城邦有益，【d】而知识或正确意见来到人身上，都不是凭借本性，而是后来获得的——或者说它们的到来凭借本性吗？

美　我不这样认为。

苏　那么，如果它们都不是凭借本性而来的，那么人也不是凭借本性而来的。

美　肯定不是。

苏　由于善不是凭借本性而来的，我们下面要探讨的就是善是否

---

① 原因（αἰτία）。

能教。

美　对。

苏　我们认为它能教，如果它是知识，是吗？

美　是的。

苏　如果它是知识，那么它能教，是吗？

美　确实如此。

苏　【e】如果有美德的教师，那么它能教，如果没有美德的教师，那么它不能教，是吗？

美　是这样的。

苏　然后我们同意没有美德的教师，是吗？

美　我们同意。

苏　所以我们同意，它既不能教，又不是知识，是吗？

美　确实是这样的。

苏　但我们肯定同意美德是一样好东西，是吗？

美　是的。

苏　由它来正确地指导，既是有用的，又是好的，是吗？

美　肯定是。

苏　【99】只有这两样东西，真信念和知识，能正确地进行指导，如果人拥有这些东西，他能提供正确的指导。事情有时候由于偶然的机遇会变得正确，但这样的事情不能归于人的指导，而在有人正确指导的地方，要归因于这两样东西：真信念或者知识。

美　我认为是这样的。

苏　现在，由于美德不能教，它似乎不再是知识吗？

美　好像不是。

苏　【b】所以两样好的、有益的东西中有一样被排除在外了，知识不是公共事务的向导。

美　我不这样认为。

苏　所以，不是凭借某种智慧，或者凭借聪明，像塞米司托克勒以及阿尼图斯刚才提到的那些人领导着他们的城邦，是吗？这就是他们不能使其他人成为像他们一样的人的原因，因为不是知识使他们成为这样的人。

美　事情很像你说的这样，苏格拉底。

苏　因此，如果不是凭借知识，那么唯一可以替代的说法是凭借正确的意见，【c】政治家们凭借着正确的意见为了他们的城邦沿着正确的道路前进。在对待知识这个问题上，他们无异于预言家和宣布神谕的人。受到神的激励，他们也说了许多真话，但他们对他们所说之事并无知识。

美　可能是这样的。

苏　所以，美诺，把这些人称作神圣的是否正确，他们没有任何理智，但他们在如此重要的事情上的言行却是正确的?

美　当然正确。

苏　我们把刚才提到的祭司和预言家，【d】还有所有诗人，称作神圣的，这样做应当是对的，我们也不会把政治家称作不神圣的，因为他们也受到众神的影响和激励，他们的讲话引导人们在许多重要事情上获得成功，尽管他们对自己所说的话没有知识。

美　确实如此。

苏　女人也一样，美诺，还有斯巴达人，他们把好人称作神圣的，在赞颂某个人的时候，他们就说"这个人是神圣的。"

美　【e】他们好像是对的，尽管阿尼图斯在这里会对你这样说感到恼火。

苏　我不在乎，我们会和他再谈，只要我们的这种方式是对的；以这种方式，我们进行了整个讨论，我们谈论和考察了美德，它既不是一种天赋，也不能教，而是一种来自众神的恩赐，美德没有理智的陪伴，【100】除非我们的政治家中有人能使其他人成为政治家。如果有这样的人，那么可以说他生活在活人之中，就像荷马说提瑞西亚生活在死人之中，也就是说，"只有他还保留着智慧，其他人则成为飘忽的魂影。"①

————————

① 提瑞西亚（Τειρεσίαν），史诗中的人物。荷马:《奥德赛》，第 10 卷，第 494—495 行。

以同样的方式，就美德而言，这样的人在这里就好比处于影子中的唯一实体。还能有什么意思？

美　【b】我认为你说得很妙，苏格拉底。

苏　美诺，根据这个推论，我们可以说美德是众神的恩赐，出现在我们中的那些能够拥有它的人身上。对此我们应当有清楚的认识，在我们考察它如何呈现在人身上之前，我们首先试图发现美德本身是什么。不过，现在我该走了。你要使你的客人朋友阿尼图斯信服你本人信服的事情，为的是让他更有责任感。如果你获得成功，你也会给雅典人带来益处。

美　不，我不这样认为，但我无法全信这一点。

苏　那就清楚了。那些不知道事物是坏的人不向往坏的事物，【c】但他们向往那些他们相信是好的，而实际上是坏的事物。由此可见，那些对这些事物没有知识，但相信它们是好的人显然向往好的事物。不是这样吗？

美　很像是这样的。

苏　那么好，那些你说向往坏事物的人，相信坏事物伤害它们的拥有者，知道这些拥有者会被它们伤害吗？

美　肯定知道。

苏　【78】他们不认为那些受到伤害的人是可悲的吗，就其被伤害而言？

美　这也是不可避免的。

苏　那些可悲的人是不幸福的吗？

美　我也这样认为。

苏　有人希望可悲和不幸福吗？

美　我不这样认为，苏格拉底。

苏　那么，没有人想要坏的事物，美诺，除非他确实想要这样做。因为除了向往并确保得到坏事物，其他还有什么事情是可悲的？

美　【b】你好像是对的，苏格拉底，无人想要得到坏事物。

苏　你刚才不是说，美德就是向往好事物并有能力确保获得它们吗？

欧绪德谟篇

提　要

本篇属于柏拉图早期对话中较晚的作品，以谈话人欧绪德谟的名字命名。公元1世纪的塞拉绪罗在编定柏拉图作品篇目时，将本篇列为第六组四联剧的第一篇，称其性质是"驳斥性的"，称其主题是"论争辩"。[①] 谈话篇幅较长，译成中文约3万2千字。对话写作时间与《高尔吉亚篇》相近，大约写于公元前455—前447年间。苏格拉底在本篇中向克里托追述前一天他在吕克昂的运动场与两名智者，欧绪德谟和狄奥尼索多洛，进行的辩论。他们是俩兄弟，享有辩论家的盛名，自称无所不知，无所不能，能够驳倒任何人，还自称只要交学费，他们能使别人也成为这方面的专家。

序言部分（271a—272d），苏格拉底与克里托交谈，向他介绍两位智者的情况和前一天发生的谈话概况。

主体部分（272e—304c），苏格拉底回忆和讲述前一天发生的谈话。整场对话经过下列主要回合：

欧绪德谟声称通过问答能向雅典青年灌输美德。苏格拉底要他们对一位青年克利尼亚显示智慧，教会他懂得热爱智慧和实践美德。(271a—274d)

欧绪德谟对这位青年进行诱导。他问克利尼亚，学习者是学他懂的东西，还是学他不懂的东西？克利尼亚说学他不懂的东西。欧绪德

---

① 参阅第欧根尼·拉尔修：《名哲言行录》3：59。

谟诘难说：你总是在懂得如何拼写以后才跟老师学习拼写的，你难道不是在学习你懂的东西吗？克利尼亚茫然不知所对，两名智者洋洋自得。（275d—277d）

苏格拉底指出智者是在利用"学习"一词的双重含义偷换概念。（277e—278a）转过来，苏格拉底自己要在与年轻人谈话方面给智者做一个展示。他对克利尼亚循循善诱，使这位青年懂得应当正确学习和使用知识，实践美德，过善良而美好的生活，懂得向父辈学习知识比继承财产更重要。（278e—282e）

两位智者重拾这一论证，与年轻人克特西普展开激辩，甚至使用了谩骂。克特西普在讨论中处于下风。他们提出了一系列的诡辩命题，展示了智者虚无主义的立场。苏格拉底驳斥这些诡辩，说它们的论辩虽然高明，可以博得人们的喝彩，但它们堵塞了通向真理的道路，抹煞了美和善，抹煞了一切事物的差异，实质上是要缝上大家的嘴。他告诫他们最好只在私下场合玩弄这种诡辩，如果在公众中玩弄，小心人们也会用诡辩来回敬他们。（283a—304b）

结尾部分（304c—307c），苏格拉底与克里托交谈，联系世人对哲学家和政治家的看法，对智者的技艺（争论和论证）进行了一些价值评估。

本篇保存了大量智者诡辩的实例。这是现存古希腊文献中最早驳斥诡辩的著作。

正　文

谈话人：克里托、苏格拉底

克　【271】他是谁，苏格拉底，昨天在吕克昂①和你谈话的那个人？我去的时候很多人围着你，我挤不进去，什么都听不清。我伸长脖子朝里望了一眼，我看跟你谈话的是个陌生人。他是谁？

————

①　吕克昂（Λύκαιον），地名。

苏　你问的是哪一个，克里托①？在那里跟我谈话的不是只有一个人，而是两个人。

克　【b】我问的是坐在你右手边的那个人——坐在你们中间的是阿西俄库②的小儿子。他长得真快，苏格拉底，个子快有我们的克里托布卢③那么高了。不过，克里托布卢比较瘦，而那个孩子长得非常漂亮，一表人才。

苏　你问的这个人是欧绪德谟④，克里托，他的兄弟狄奥尼索多洛⑤坐在我左边，他也参加了讨论。

克　我不认识他们，苏格拉底。我猜他们是新智者。【c】他们从哪儿来，有什么特别的智慧？

苏　按出生，我想，他们是从开俄斯⑥那边来的。作为殖民者，他们去了图里⑦，后来又离开那里，已经在这一带过了好多年。至于你问他们俩有什么智慧，那就太神奇了，克里托！他们俩绝对是无所不知、无所不能，乃至于我以前从来不知道有哪一位是真正的拳击手。他们俩绝对是全能的角斗士⑧，【d】不像那两位阿卡奈人⑨只能用身体战斗。首先，这俩人掌握了所有身体的技艺，擅长披挂盔甲作战，【272】还能把这种技艺教给任何人，只要他们交学费；其次，他们俩在法庭战斗中也是佼佼者，还能教其他人如何讲话、如何撰写适合在法庭上发表的演讲。原先这是他们仅有的技艺，而现在他们在摔跤这门技艺上也功德圆满了。他们现在已经掌握了这种形式的战斗，这是他们原先没有尝试过

---

① 克里托（Κρίτων），人名。

② 阿西俄库（Αξίοχος），人名。

③ 克里托布卢（Κριτόβουλος），人名。

④ 欧绪德谟（Ευθύδημος），人名。

⑤ 狄奥尼索多洛（Διονυσόδωρος），人名。

⑥ 开俄斯（Χίους），地名。

⑦ 图里（Θουρίαους），地名。

⑧ "全能角斗"是摔跤和拳击的组合。

⑨ 阿卡奈人（Αχαρνεύς），族名。

的；结果是，单独一个人根本无法与他们抗衡，【b】他们已经能够娴熟地打口仗，论证和驳斥任何事情，无论是对还是错。所以，克里托，我想把我自己交给他们，因为他们说自己在很短时间里就能使其他人像他们一样能干。

克 怎么回事，苏格拉底？你就不担心，你这把年纪了，不嫌太老吗？

苏 我一点儿也不担心，克里托——我已经有了足够多的榜样和勇气，我无所畏惧。这两人自己在开始学习我想要的这种智慧时，年纪已经很大了，我指的是争论术的智慧。去年或者前年，他们还没有成为聪明人。【c】我唯一担心的是我可能会使这两位陌生人丢脸，就好像我已经使那位琴师，梅特洛比乌①之子孔努斯②丢脸，他到现在还想教我弹竖琴。那些和我一起学竖琴的孩子们一看到我就发笑，把孔努斯叫作"老头的老师"。所以我担心有人同样会去嘲笑这两位陌生人；要是担心发生这种事情，他们可能不愿意收我做学生。所以，克里托，我已经说服其他一些老头跟我一道去学习弹竖琴，【d】在这件事情上我也想这么做。你自己干吗不跟我一起去呢？我们可以带上你的儿子做钓饵抓住他们——我保证他们想要捕捉这些孩子的愿望会使他们也给我们上课。

克 我不反对，苏格拉底，如果你真的认为这个计划很好。但是首先请对我解释一下，这两个人的智慧是什么，好在我们去学习之前让我有点印象。

苏 你马上就能听到，因为我不能假装我没注意过这俩人。事实上，我正在努力回忆当时说的话，【e】我想从头开始把整件事情讲给你听。真的很凑巧，我当时独自坐在更衣房那里，就在你看见我的那个地方，已经想到我该走了。就在我要起身的时候，经常在我心中出现的那位神明显现了。【273】于是我又坐下，不一会儿，这两人，欧绪德谟和狄奥尼索多洛，走了进来，还有一些人跟在他们后面，他们的学生，在

---

① 梅特洛比乌（Μητροβίους），人名。
② 孔努斯（Κόννος），人名。

我看来，他们的人数相当多。这两人进来以后就沿着回廊来回走，走了两三圈，克利尼亚①也进来了，你说得没错，他已经长大成人了。很多人跟着他，那是他的情人，他们中间有克特西普②，一位来自帕安③的年轻人——长得很英俊，【b】除了有一般年轻人的那种莽撞。克利尼亚在运动场入口处就看到我独自坐在这边，于是就径直朝我走来，在我的右边坐下，就像你说的那样。欧绪德谟和狄奥尼索多洛看见他了，他们起初站在那里说话，还不时地朝我们这边张望（我很留意地看着他们），过了一会儿，他们走了过来。其中一位，欧绪德谟，坐到了这个孩子的边上，另一位在我的左边挨着我坐下，【c】其他人也找到他们能坐的地方一一坐下。由于我很长时间没见过他们两了，所以我很好地问候了他们，然后我对克利尼亚说，你要知道，克利尼亚，这两人的智慧，欧绪德谟和狄奥尼索多洛的，必须用来处理重要的事务，而不是微不足道的事务。他们知道战争的所有事情，也就是想做一名好将军必须懂得的一切事情，比如排兵布阵、发布军令、披挂盔甲打仗，此外还有，他们使人能在法庭上战胜对手，如果有人伤害他。

【d】听到我说的这些话，他们显然没在意，因为他们两笑着相互看了一眼，欧绪德谟说："我们现在对这些事情不再热心了，苏格拉底，我们把这些事当作杂耍"。

我非常惊讶，我说："如果这么重要的事情都成了杂耍，那么你们的主业一定非常辉煌。苍天在上，告诉我，你们的主业是什么？"

他说："是美德，苏格拉底，我们认为我们能够比其他任何人更好、更快地教美德。"

【e】"天哪，我说，你们作出了一项什么样的论断！这种天赐的本领你们是在哪里找到的？我仍旧在想着你们，如我刚才所说，你们俩特别擅长披挂盔甲打仗，所以我用这种方式谈到你们。你们以前来访问我

①　克利尼亚（Κλεινίας），人名。

②　克特西普（Κτήσιππος），人名。

③　帕安（Παιᾱν），地名。

们的时候，我记得你们就做出过这样的断言！现在，若你们真的拥有其他的智慧，那么愿你们吉祥——你们瞧，我对你们说话的口吻就好像你们是神，【274】想要你们宽恕我前面说过的话。但你们要保证，欧绪德谟和狄奥尼索多洛，你们说的是真话——你们的论断把话说得太满，使我不由地产生一丝怀疑。"

"放宽心吧，苏格拉底，事情确实就像我们说的那样。"

"那么，我把你们拥有这种智慧看得比那位伟大的国王拥有一个大帝国还要幸福！不过，你们还是告诉我，你们打算演示这种智慧吗，或者你们想怎么做？"

【b】"我们到这里来就是为了这个目的，苏格拉底，演示一下，如果有人想学，我们就教他。"

"我向你们保证，每一个没有得到这种智慧的人都希望得到它；首先是我，然后是在这里的克利尼亚，除了我们以外，还有克特西普和其他人。我一边说，一边指着那些克利尼亚的情人，这个时候他们已经聚拢在我们周围了。之所以如此，因为克特西普原来坐得离克利尼亚很远，欧绪德谟侧着身子和我说话的时候，【c】显然挡住了克特西普的视线，使他看不清坐在我们俩中间的克利尼亚。所以克特西普既想看见他的情人，又对这场讨论有兴趣，于是就首先站起身来，站到我们正面。其他人看到他这样做，也都纷纷效仿，既有克利尼亚的情人，【d】又有欧绪德谟和狄奥尼索多洛的追随者。我对欧绪德谟说打算学的人指的就是他们。然后，克特西普急切地表示同意，其他人也表示同意，他们全都请求这俩兄弟演示他们智慧的力量。"

于是，我说："欧绪德谟和狄奥尼索多洛，请你们尽力满足这些人的要求吧，演示给我们看——这样做也是为了我的缘故。要完整地进行演示显然是一项浩大的工程，【e】不过请先告诉我这一点：你们只能使那些已经被说服必须向你们学习的人变好，还是也能使那些在这一点上还没有被说服的人变好，既因为他相信这一点，美德根本不能教，又因为他认为你们俩不是美德的教师？来吧，告诉我，按照这一线索说服他美德可教、你们是他能最好地学习美德的老师，这项任务属于同一种技艺还是另一种技艺？"

"属于同一种技艺，苏格拉底。"狄奥尼索多洛说。

【275】"那么，狄奥尼索多洛，我说，你和你的兄弟是当今世界最能鼓励人学习哲学和实践美德的人吗？"

"这确实就是我们的想法，苏格拉底。"

"那就把你们的其他展示放到以后再做，现在证明给我们看：说服在这里的这位青年，让他明白自己必须热爱智慧和留意美德，这样你们对我和对所有陪在这里的人就尽到义务了。这个孩子的情况是这样的：我和所有这些人都想要他尽可能变好。他是阿西俄库的儿子、老阿尔基比亚德① 之孙、【b】现在还活着的阿尔基比亚德的外甥，他的名字叫克利尼亚。他还年轻，我们都为他担心，就像对其他年轻人一样，怕有人会抢先把他的心灵引向歧途，毁了他。你们俩的到来真的非常及时。如果你们不反对，就请你们试一试这个孩子，当着我们的面和他交谈。"

我说的几乎就是这些话，我说完以后，【c】欧绪德谟勇敢而又自信地作出回答。"这对我们来说没什么区别，苏格拉底，只要这个年轻人愿意回答问题。"

我说："他实际上习惯回答问题，因为这些人老是问他各种各样的问题，跟他交谈。所以他回答问题相当勇敢。"

下面发生的事情，克里托，我要怎样叙述才恰当呢？要能具体回忆起这样的智慧可不是一件小事，【d】它如此伟大。所以，我必须像诗人一样呼唤缪斯和记忆女神，由此开始我的叙述。好吧，我想起来了，欧绪德谟当时是这样开始的："克利尼亚，哪一种人是学习者，是聪明人还是无知的人？"

碰到这个重大的问题，那个孩子羞红了脸，带着疑惑的眼光望着我。见他有点困惑，我说："克利尼亚，放宽心，【e】大胆地选择在你看来是正确的答案——他也许能给你提供很大的帮助。"

就在这个时候，狄奥尼索多洛脸上带着微笑，凑到我耳边小声说：

---

① 阿尔基比亚德（Ἀλκιβιάδης），人名。

"苏格拉底，我向你预告，无论这个小伙子怎样回答，都会遭到驳斥"。

【276】当他说这话的时候，克利尼亚作出了他的回答，所以我没有机会提醒他当心；他回答说："聪明人是学习者"。

然后欧绪德谟说："某些人你称他们为老师，有还是没有？"

克利尼亚表示同意："有。"

"老师是那些要学习的人的教师，我假定，以同样的方式，音乐老师和写字老师是你和其他那些孩子的老师，当你们是学生的时候，是吗？"

他表示同意。

"当你们学习的时候，你们还不知道你们正在学的东西，是吗？"

"是不知道。"他说。

【b】"你们不知道这些东西的时候是聪明的吗？"

"肯定不聪明。"他说。

"如果不聪明那就是无知，对吗？"

"确实是这样的。"

"所以在学习过程中你们是不知道的，而在你们无知的时候，你们在学习，对吗？"

这个孩子点了点头。

"那么，是无知者在学习，克利尼亚，而不是像你所说的那样，聪明人学习。"

【c】当他说完这句话的时候，狄奥尼索多洛和欧绪德谟的追随者马上热烈鼓掌和欢笑，就像一个合唱队看到指挥作出一个手势。然后，还没等那孩子喘过气来，狄奥尼索多洛迫不及待地重拾论证。他说："好吧，克利尼亚，当一个写字的老师要你听写，这是孩子们都要学的，是聪明的孩子在学习，还是无知的孩子在学习？"

"聪明的。"克利尼亚说。

"那么是聪明的孩子在学习，而不是无知的孩子在学习，所以你刚才给了欧绪德谟一个错误的回答。"

【d】这两人的支持者大声欢笑起来，崇拜他们的精明能干。而我们这些人全都目瞪口呆，一句话也说不出来。欧绪德谟看到我们困惑的样子，想要使我们进一步陷入混乱，所以他不想放过那个孩子，他继续发问，像一名能干的舞蹈家，就同一个问题颠来倒去反复提问。他说："学习者学习他们知道的事情，还是学习他们不知道的事情？"

【e】此时狄奥尼索多洛又在我耳边小声说："这是另外一个问题，苏格拉底，就像第一个问题那样。"

"可怜我们吧。"我说，"第一个问题就肯定够好的了！"

"我们的所有问题都同样不可回避，苏格拉底。"他说。

"毫无疑问，这就是你们的学生如此崇拜你们的原因。"我说。

就在克利尼亚回答欧绪德谟学习者学他们不知道的东西时，欧绪德谟又按照前面的方式继续提问。

【277】他说："那么，你不认识字母吗？"

"我认识。"他说。

"你全部认识它们吗？"

他表示同意。

"任何人听写的时候，他不是在听写字母吗？"

他表示同意。

【b】"那么，他不是在听写你知道的东西，如果你真的全部知道它们？"

对此他也表示同意。

"那么好，"他说，"你不是一个学习某人听写的那些东西的人，是吗，而是一个不知道他的字母就是他要学习的东西的人？"

"不。"他说，"我是一个学习的人。"

"所以你在学习你知道的东西，"他说，"如果你真的知道所有字母。"

他表示同意。

"那么你刚才的回答是错的。"他说。

欧绪德谟这话还没完全出口，狄奥尼索多洛就像接球似的接过话头，对着那孩子说："欧绪德谟完全是在欺骗你，克利尼亚。告诉我，所谓学习不就是获得某人所学到的知识吗？"

克利尼亚表示同意。

【c】"那么，什么是知道？"他说，"除了已经拥有知识，还能是别的什么吗？"

他表示同意。

"那么，不知道就是还没有拥有知识吗？"

克利尼亚表示同意他的看法。

"那么，获得某样东西的人是已经获得的人，还是没有获得的人？"

"是没有获得的人。"

"你不是承认，那些不知道的人属于还没有拥有某些东西的人吗？"

克利尼亚点头表示同意。

"那么，学习者属于获得的人，不属于拥有的人吗？"

他表示同意。

"那么，是那些不知道的人在学习，克利尼亚，而不是那些知道的人在学习。"

【d】欧绪德谟急于想把这位年轻人第三次摔倒，我看到他快要支持不住了，想给他一个喘气的机会，不让他变得胆小，给我们带来羞辱，于是我鼓励他说："克利尼亚，如果你对这些论证感到陌生，那么不要感到惊讶，因为你也许还不明白这些来访者和你在做什么。他们的所作所为和科里班忒①秘仪引人入会是一样的。如果你曾经入过会，那你知道在这样的场合会有舞蹈和游戏，【e】而这俩人现在做的无非就是围着你跳舞和游戏，想吸引你入会。所以你现在必须想象自己在聆听智者秘仪的第一部分。首先，如普罗狄科所说，你必须学会正确地使用语词；而我们这两位来访者刚才已经指出了这一点，你不明白人们使用学习这个词【278】不仅是指一个开始没有知识的人后来获得知识，而且也指这个人当他有了知识以后使用它来考察相同的事情，无论是口头谈论还是实际去做。（实际上，人们称后者为理解，而不是学习，不过他们有

---

① 科里班忒（Κορυβαντες），希腊宗教中大母神的祭司，在举行祭仪时狂歌乱舞，并用长矛胡乱碰撞，在疯狂中互伤。

时候的确也把它称作学习。）但是这一点，如他们所指出的那样，被你忽略了——把同一个词用在相反的人身上，有知识的和无知识的。第二个问题也差不多，【b】他们问你，人们学习他们知道的东西还是学习他们不知道的东西。这些事情是学习的肤浅的部分（这也是我告诉你们这些人在开玩笑的原因）；我之所以把这些事情称为浅薄的，因为一个人哪怕学了很多，甚至学了所有这样的事情，也不会比以前聪明，能弄清事情是怎么一回事，而只能用来和别人开玩笑，利用语词的不同意义把人弄得晕头转向，就好比有人想要坐下，但有人把凳子抽走，当他摔得四脚朝天时，【c】其他人就哈哈大笑。所以，你必须把他们的表演都视为纯粹的游戏。但在此之后，他们无疑会告诉你一些严肃的事情，如果他们愿意，我会引导他们，让他们保证把他许诺给我的东西交出来。他们说他们会演示一种鼓励性的技艺，现在看来，他们认为必须从跟你开玩笑开始。所以，欧绪德谟和狄奥尼索多洛，【d】这个玩笑就开到这里吧，我认为玩笑已经开够了。下面要做的事情是，展示一下你们如何说服这位年轻人，让他必须献身于智慧和美德。而在此之前，我想先给你们俩在方法上演示一下，我是以这种方式做这种事情的，也让你们明白我想听的是哪一类事情。如果你们认为我的做法不那么专业、滑稽可笑，请别笑话我——我只不过是急于想听到你们的智慧，所以大胆地在你们面前临时演示一下。【e】因此，请你们和你们的门徒约束一下自己，不要发笑；至于你，阿西俄库之子，请你回答我的问题。

"所有人都希望做得好吗？或者说，我担心，这个问题可能是最会让你们发笑的问题之一？我假定，甚至提出这样的问题也是愚蠢的，因为几乎不会有人不希望做得好。"

"不会，没有这样的人。"克利尼亚说。

"那么好吧。"我说："下一个问题是，由于我们希望做得好，我们如何才能这样做呢？不就是通过拥有许许多多善物（好东西）吗？或者说，这个问题提的比刚才那个还要蠢，因为我想事情很显然就是这种情况？"

他表示同意。

【279】"那么好，现存事物中哪些种类的事物对我们来说是好的？或者说，这个问题也许不难，我们不需要一位重要人物来提供答案，因为每个人都会告诉我们，富裕就是一种好，不是吗？"

"确实如此。"他说。

【b】"健康和英俊也是这样，也还有能充分提供身体需要的其他东西，对吗？"

他表示同意。

"还有，高贵的出身、权力、荣誉，在自己的国家里显然是善物。"

他表示同意。

"那么，还有哪些善物我们没提到呢？不是还有节制、公正、勇敢吗？苍天在上，克利尼亚，告诉我，你是否认为，如果我们把它们算作善物，或者我们拒绝这样做，我们应当把它们放在什么正确的地方吗？在这一点上，也许有人会和我们争论——你是怎么看的？"

"它们是善物。"克利尼亚说。

【c】"很好。"我说。"那么，我们应当把智慧放在什么地方呢？放在这些善物中间，或者说我们应该如何对待它？"

"放在善物中间。"

"现在可以确定，我们没有落下任何值得一提的善物。"

"我不认为我们落下了。"克利尼亚说。

但在这个时候我想到了一样善物，我说："天哪，克利尼亚，我们差一点把最伟大的善物落下了！"

"哪一种善物？"他说。

"好运，克利尼亚，每一个人，哪怕最卑微的人，都说它是最伟大的善物。"

"你说得对。"他说。

【d】思索片刻，我又说："阿西俄库之子，你和我几乎已经当着我们的来访者的面把自己弄得滑稽可笑了"。

"怎么会呢？"他说。

"因为我们刚才在列举善物的时候提到了好运，我们现在又在重头说同样的事情。"

"你什么意思?"

"有样东西已经提到了,然后又提到,同样的话说两遍,这样做确实可笑。"

"你这样说是什么意思?"

"智慧肯定是好运,我说——连小孩都知道这一点。"

他感到吃惊——他还那么年轻,头脑简单。

【e】看到他那吃惊的样子,我说:"你知道,克利尼亚,如果一名笛手能成功地演奏笛子,你难道不认为他拥有最好的运气吗?"

他表示同意。

"那么,教写字的老师在读和写方面呢?"

"当然。"

"海上的危险怎么样,你肯定不认为,一般说来,会有人比聪明的舵手更加幸运?"

"肯定不会。"

【280】"还有,假定你参加一场战役,你宁可和什么样的将军一道分享危险和幸运,聪明的将军还是无知的将军?"

"聪明的将军。"

"如果你病了,你宁可和一位聪明的医生还是和一位无知的医生一道冒风险?"

"聪明的医生。"

"那么,这是你的看法。"我说,"在聪明人的陪伴下做事情比在无知者的陪伴下做事情更加幸运,是吗?"

他表示同意。

"所以,智慧在各种情况下都使人幸运,因为我不认为智慧会犯错误,而是必定永远正确和幸运,否则的话,它就不再是智慧了。"

【b】我们最后达成了一致意见(我不知道是如何达成的),总的说来是这样的:如果一个人有智慧,他不需要添加任何好运。当我们确定这一点以后,我又回过头来问他我们前面的那些陈述是否会受影响。

我说:"我们确定,如果我们已经拥有许多善物,我们就会幸福和做得好。"

他表示同意。

【c】"如果这些善物对我们没有益处,或者说如果它们对我们有某些益处,在哪一种情况下拥有善物使我们幸福?"

"如果它们对我们有某些益处。"他说。

"如果我们只是拥有它们,但并没有使用它们,它们会对我们有益吗?比如说,如果我们拥有大量的食物,但没有吃它,或者我们拥有大量的饮料,但没有喝它,我们从这些东西中会产生什么益处吗?"

"肯定不会。"他说。

"那么好,如果每位工匠都拥有他做的工作所必需的所有材料,但是从来不用它,他能依据理智很好地处理一名工匠所需要的所有材料吗?比如,给一位木匠提供所有工具和大量的木头,但他没有做工,【d】能说他从他拥有的东西中受益吗?"

"完全不能。"他说。

"那么好,如果某人拥有金钱和我们刚才提到的所有善物,但他没有加以使用,作为拥有这些善物的结果,他是幸福的吗?"

"显然不是,苏格拉底。"

我说:"由此可见,一个人要想幸福不仅必须拥有这些善物,而且也必须使用它们,否则就不可能由于拥有这些善物而得到益处。"

"你说得对。"

【e】"那么,这两样事情,拥有善物和使用它们,足以使人幸福吗,克利尼亚?"

"在我看来是这样的,无论如何。"

我说:"如果他正确地使用,或者他不正确地使用?"

"如果他正确地使用它们。"

"说得好,"我说。"现在我假设如果某人错误地使用一样东西比把它搁在一边会带来更大的伤害——第一种情况是恶,【281】第二种做法既不恶又不善。或者说,这不是我们要坚持的看法?"

他同意说这是我们要坚持的。

"那么下面该怎么说呢？在工作和使用木头中，肯定是正确地使用木匠的知识而不是其他什么东西会带来正确的使用吗？"

"肯定不是其他东西。"

"还有，我假定在制造器皿时，产生正确方法的是知识。"

他表示同意。

"还有，"我说，"涉及我们原先提到的那些善物——【b】财富、健康、俊美——是知识，还是别的什么东西，在支配和指引我们正确地使用它们？"

"是知识。"他说。

"那么，知识在各种情况的拥有或行为中，似乎不仅给人提供好运，而且也提供善举。"

他表示同意。

"那么，苍天在上，"我说，"没有判断力和智慧，拥有其他东西会有什么益处吗？一个没有判断力的人，如果他拥有很多东西，也做了很多事，或者如果他拥有很多东西，但几乎不做事，在哪一种情况下他得到的益处比较多？【c】请你这样想：如果他做的事情比较少，他犯的错误也就比较少；如果他犯的错误比较少，他做的事情也就不那么坏；如果他做的事情不那么坏，他也就不会比较不幸了，是吗？"

"是的，确实如此。"他说。

"在哪一种情况下，人会做的事情比较少，是穷人还是富人？"

"穷人。"他说。

"软弱的人和强壮的人呢？"

"软弱的人。"

"有荣耀的人和没有荣耀的人呢？"

"没有荣耀的人。"

"勇敢和节制的人做的事情比较少，还是胆小的人做的事情比较少？"

"胆小的人。"

"那么，如果某个人是懒惰的，而不是勤快的，我们也可以说同样的话吗？"

他表示同意。

【d】"还有缓慢的和敏捷的、视力与听力差的和敏锐的？"

我们同意所有诸如此类的比较都是这种情况。

"所以，总结一下，克利尼亚，"我说，"关于我们从一开始就称之为好的所有事物，正确的解释似乎不在于它们本身依其本性是好的，而是在下述情况下它才是好的：如果是无知在控制它们，那么它们就是比它们的对立物更大的恶，因为它们在一个坏的统治者的主宰下会更加能干；【e】但若是判断力和智慧在支配它们，那么它们是比较大的善物。然而，就其本身来说，它们无善恶价值可言。"

他说："好像是你说的这么回事。"

"那么，我们交谈的结果是什么呢？不就是其他那些事物既不是善的，又不是恶的，而这两样事物，智慧是善，无知是恶吗？"

他表示同意。

【282】"那么，让我们来考虑下面该怎么说：由于我们全都希望幸福，由于我们似乎依靠拥有这些事物和正确地使用它们才变得幸福，由于知识是正确和好运的源泉，所以，每个人似乎必定要用各种手段做好准备，使自己尽可能变得聪明——不是这种情况吗？"

"是的，是这样的。"他说。

"某个人认为自己应当从他的父亲那里得到这种东西，【b】而不是得到金钱，不仅要从他的父亲那里，而且要从他的监护人和朋友那里得到这种东西（尤其是他的城邦里的这些人和在别的地方声称是他的情人的人），他恳求他们赐给他一些智慧，这样做没什么可耻的，克利尼亚，如果因为这个原因，他成了他的情人或任何人的仆人或奴隶，为了变得聪明而愿意提供高尚的侍奉，这样做也并不可耻。或者，你不这样认为？"我说。

"在我看来，你似乎绝对正确。"他说。

【c】"仅当智慧能教，克利尼亚，"我说，"因为智慧不会自觉自愿地来到人这里，我这样说才是对的。这一点仍旧有待我们去考察，还没有在你我之间达成一致意见。"

"在我看来，苏格拉底，"他说，"我认为智慧能教。"

我乐了，我说："我喜欢你说话的方式，我的好伙伴，你给了我一个很好的转折点，把我从对这个要点的冗长的考察中解脱出来，无论智慧能否传授。现在，由于你相信智慧能够传授，也相信它是能使人幸福和交好运的唯一存在的东西，【d】所以你肯定会同意人必须热爱智慧，你的意思是你自己要这样做吗？"

"这正是我想做的事情，苏格拉底，只要我能做到。"

听了这话，我非常兴奋，我说："欧绪德谟和狄奥尼索多洛，这就是我提供的样本，我想要的鼓励性的论证就是这个样子的，尽管不成熟，也许还有点啰嗦，有些困难的地方。现在，你们中间无论哪一位愿意，就请你以专业的方式就相同的事情为我们提供演示。或者说，如果你们不希望这样做，【e】那就从我停下来的地方开始，把后面这些话告诉这个孩子：为了成为一个幸福的人和好人，他是否应当获得各种知识，或者是否有一种知识是他必须获得的，这种知识是什么。我在开始的时候就说过，这一点对我们来说极为重要，这位年轻人应当成为聪明的和善良的。"

【283】这就是我所说的，克里托，我特别关注后来发生的事，观察他们会如何重拾论证，会从什么地方开始说服这位年轻人实践智慧和美德。这两人中的兄长狄奥尼索多洛首先拾起了这个论证，我们全都盯着他，希望能马上听到他的精彩讲话。这就是后来发生的事，【b】因为这个人确实是以一种绝妙的方式开始论证的，克里托，值得你好好听一听，它是鼓励人们趋向美德的。

"告诉我，苏格拉底，"他说，"还有其他所有你们这些说自己想要使这位年轻人变聪明的人——你们这样说是在开玩笑，还是认真的？"

他的话让我想到，我们在前面要他们跟这个孩子谈话时，他们肯定以为我们在开玩笑，这就是他们后来开玩笑、【c】没有和他认真交谈的原因。一有了这个想法，我就更加坚持我们是绝对认真的。

狄奥尼索多洛说:"好吧,小心点儿,苏格拉底,你没发现你自己在否定这些话。"

我想了一下,我说,"我决不会否认这些话。"

"噢,很好,"他说,"你说你想要他变得聪明吗?"

"非常想。"

"但是在当前,"他说,"克利尼亚是聪明的,还是不聪明的?"

他说他还不聪明,至少——"噢,他是个谦虚的人。"我说。

【d】"但是,你们这些人希望他变聪明,"他说,"而不希望他无知吗?"

我们表示同意。

"因此,你们希望他变成一个不是他的人,不再是现在这个他了。"

听了这些话,我感到困惑,当我仍处于这种状态时,他接着对我说:"由于你希望他不再是现在的他,所以你显然希望他死,而不是希望他变成其他什么样子。这样的朋友和情人必定有很高的价值,他们最希望他们的爱人彻底毁灭!"

【e】听了此话,克特西普为他的情人的缘故勃然大怒,他说:"图里来的客人,如果这不是一句相当粗鲁的评价,我会说'你自己去死吧',你要记住,你怎么能够对我、对我们大家撒谎,竟然说出我认为如此邪恶的话来——我会希望这个人死!"

"怎么了,克特西普,"欧绪德谟说,"你认为有可能撒谎吗?"

"苍天在上,是的,有可能,"他说,"如果我认为不可能,那我就是疯了。"

"一个人说话的时候在谈论他在说的事物,还是不说话的时候在谈论他在说的事物?"

【284】"说话的时候。"他说。

"所以,如果他说了这样事物,那么他没有说其他事物吗,除了他在说的这样事物?"

"当然。"克特西普说。

"他说的这样事物是存在的各样事物之一,与其他事物不同吗?"

"当然。"

"那么说这样事物的人说的是这样事物。"他说。

"是的。"

"但是，说这样事物的人肯定说的是这样事物，说的是真话——所以，狄奥尼索多洛如果说的是这样事物，他说的是真话，没有对你们撒谎。"

【b】"是的。"克特西普说，"但是谈论这些事物的人，欧绪德谟，谈论的事物是不存在的。"

欧绪德谟说："这些事物肯定不存在吗？"

"是的，它们不存在。"

"不存在的事物肯定不存在于任何地方吗？"

"不存在于任何地方。"

"那么当这些事物不存在于任何地方的时候，任何人，无论是谁，不可能对这些不存在的事物做任何事情使它们存在吗？"

"在我看来不太可能。"克特西普说。

"那么好吧，演说家对人讲话时，他们什么都没做吗？"

"不，他们做了某些事情。"他说。

【c】"那么，如果他们做了某些事情，他们也造了某些事情吗？"

"是的。"

"那么，‘说’既是‘做’又是‘造’吗？"

他表示同意。

"那么，无人说不存在的事物，因为这样一来他就是在‘造’某些事物，而你承认无人能够造出不存在的东西。所以，按照你自己的说法，没有人撒谎；但若狄奥尼索多洛真的说话了，那么他说的是真话，他说的是存在的事物。"

"是的，确实如此。"克特西普说，"但是他说的事物只以某种方式存在，而不是真正地存在。"

【d】"你什么意思，克特西普？"狄奥尼索多洛说。"有某些人按照事物的存在来谈论事物吗？"

"肯定有，"他说，"绅士和那些说真话的人。"

"嗯，好吧，"他说，"好事物是好的，坏事物是坏的吗?"

他表示同意。

"你承认绅士按照事物的存在来谈论事物吗?"

"是的，我承认。"

"那么，好人谈论坏事物的坏，克特西普，如果他们按照事物的存在来谈论。"

"他们肯定这样做，"他说，"无论他们如何谈论坏人的坏。【e】如果你接受我的建议，那么你会小心不让自己成为他们中的一员，让好人说你们的坏话。因为其他人都肯定好人谈论坏人的坏。"

"他们极大地谈论大，热烈地谈论热吗?"欧绪德谟问。

"确实如此，"克特西普说，"更有甚者，他们冷漠地谈论那些以僵硬的方式说话的人。"

"你，克特西普，"狄奥尼索多洛说，"是在骂人，你确实是在骂人。"

"我肯定没有做这种事，狄奥尼索多洛，"他说，"因为我喜欢你，我只是给你一点友好的建议，【285】努力说服你，不要对我那么粗鲁，决不要对我说我想要我最珍贵的朋友去死。"

由于他们之间似乎出言不逊，我开始对克特西普开玩笑，我说："克特西普，我认为我们应当接受客人们告诉我们的事情，如果他们是在好意帮助我们，不要为了片言只语而发生争执。如果他们真的懂得如何摧毁人，从而使坏人和蠢人变成好人和聪明人，【b】无论这是他们俩自己的发明，还是从别人那里学来的一种死亡或毁灭的方法，那么他们都能毁掉坏人和造出好人，如果，如我所说，他们知道怎么做这件事——噢，他们显然是知道的，因为他们特别宣称他们最近发现的这种技艺就是能使坏人变好的技艺——那么让我们赞同他们的观点，允许他们毁掉这个孩子，再造一个聪明的出来——对我们其他人也可以这样做!【c】但若你们这些年轻人感到害怕，那就让他们'拿卡里亚人①来

---

① 卡里亚（Καρια），地名。这是古希腊人的习语，此处的人很愚蠢。此处的意思相当于说"在一条狗或一头猪身上试验"。

试验'，如他们所说，我也会是牺牲品。我已经老了，打算冒这个险，我在这里把自己交给狄奥尼索多洛，他就好比是科尔喀斯①的美狄亚②。让他把我摧毁，或者要是他喜欢，把我给煮了，或者对我做他想做的任何事情，但他必须能使我变好。"

克特西普说，"我也做好了准备，苏格拉底，把自己交给这些来访者；我甚至允许他们剥我的皮，比现在更坏地对待我，只要我的皮囊最后不会成为一个空皮袋，【d】就像玛息阿③一样，而要装上一些美德。不过，狄奥尼索多洛在这里以为我对他生气了。生气的不是我——我只不过是在反对他说的事情，我发现这些事情是可以反驳的。所以，我的狄奥尼索多洛，大方一些，别把对立称作滥用——滥用完全是另外一回事。"

狄奥尼索多洛答道："你是在假定存在着对立这样一种事情的前提下说这番话的吗，克特西普？"

【e】"我肯定是的。"他说，"绝对是这样的。你认为没有这种事情吗，狄奥尼索多洛？

"不管怎么说，你不能很好地证明你曾经听说过一个人与另外一个人对立。"

"真的吗？"他答道。"那么好，如果你想要听我的证明，就来听一听克特西普与狄奥尼索多洛的对立。"

"你要证明一下吗？"

"我当然要。"他说。

"那么好。"他继续说道，"语词描述每一存在的事物吗？"

"当然。"

"它们把它作为存在的事物来描述，还是把它当作不存在的事物来

---

① 科尔喀斯（Κόλχως），地名。

② 美狄亚（Mηδία），希腊神话中科尔喀斯国王的女儿，精通巫术。

③ 玛息阿（Μαρσύας），希腊神灵。他与阿波罗神比赛，他吹笛子，阿波罗弹竖琴，后来被阿波罗活剥了皮。

描述？"

"当作存在的事物。"

【286】"现在如果你还记得，克特西普。"他说，"我们刚才说过没有人会谈论不存在的事物，因为显然没有人谈论不存在的东西。"

"好吧，那又如何？"克特西普说。"这样一来，你我之间不就或多或少地对立了吗？"

"如果我们两都在描述同样的事情，"他说，"我们会是对立的吗？在这种情况下，我假定我们是在说同一样事情。"

他表示同意。

【b】"但是，当我们都没有描述这件事情的时候，我们会相互对立吗？或者说，在这种情况下，我们俩根本就没有想到这件事情？"

对此他也表示同意。

"但是，当我在描述这件事情，而你在描述另一件事情的时候，我们对立吗？或者我在说这件事情，而你什么都没说，这种情况会怎么样？什么都没说的人如何与说了的人对立呢？"

克特西普此时沉默了，但我对整个论证感到震惊。【c】我说："你这是什么意思，狄奥尼索多洛？我以前实际上听许多人讲过这个论证，但每次听我总是感到震惊。普罗泰戈拉的追随者经常使用它，在他们之前也有人用过。在我看来，它总是以一种神奇的方式不仅颠覆其他论证，而且也颠覆它本身。但是我想，我将从你这里，而不是从其他人那里学到关于这个论证的真理。这个论证总体上宣布根本没有讲假话这种事情，不是吗？人必定要么讲真话，要么不讲话，是吗？"

他表示同意。

【d】"现在你会说不可能讲假话，但可能'想'假话吗？"

"不，想假话也是不可能的。"他说。

"那么绝对没有虚假的看法这种东西。"我说。

"没有。"他说。

"那么也没有无知，没有任何无知的人吗？或者说，如果有无知的话，这不正是无知吗——虚假地谈论事物？"

"这当然是无知。"他说。

"然而，根本没有这样的事物。"我说。

"他说没有。"

"你作出这个论述只是为了论证吗，狄奥尼索多洛——说一些令人惊讶的事情——或者你真的相信没有无知的人吗？"

【e】"你要做的事情就是驳斥我。"他说。

"噢，如果接受你的论题，没有人说假话，还会有驳斥这回事吗？"

"不，没有。"欧绪德谟说。

"那么，狄奥尼索多洛刚才不是要我驳斥他吗？"我说。

"一个人怎么可能要一种根本不存在的东西呢？你有提出这种要求的习惯吗？"

"我提出这一点的原因，欧绪德谟，在于我相当糊涂，弄不懂这些精妙的事情。我要问一个可能相当愚蠢的问题，请你们宽容。请你们这样看：【287】如果虚假地讲、虚假地想，还有无知，都是不可能的，那么无论谁做任何事情也就不可能犯错误，是吗？我的意思是，一个人在他的行动中犯错误是不可能的——或者说，这不就是你们说的意思吗？"

"当然，是的。"他说。

"这就是我的那个愚蠢的问题产生的地方。"我说。"如果我们没有人在行动、言论或思想中犯错误——如果真是这样的话——苍天在上，你们俩到这里来教什么？【b】你们刚才不是说，如果有人想要学习美德，你们能最好地教他美德吗？"

"真的，苏格拉底，"狄奥尼索多洛插话说，"你是个老克洛诺斯①，你现在提到我们一开始说的话，是吗？我设想，要是我去年说了一些话，你现在都会提出来，但对于处理当前的论证没有什么帮助。"

"嗯，你瞧，"我说，"这些论证太难了（它当然很难，因为它们来自聪明人），你提到的最后一个论证处理起来特别困难。你刚才说的'对于处理论证没有帮助'到底是什么意思，狄奥尼索多洛？【c】你的意思

---

①　克洛诺斯（Κρόνος），希腊老天神，宙斯之父，象征着"过时"。

不就是我不能驳斥它吗？请你告诉我，'我在处理这个论证时没有帮助'这话还有其他意思吗？"

"至少，处理你的这句话不是很难。"他说，"所以继续吧，回答我。"

"在你回答我之前吗，狄奥尼索多洛？"我说。

"你拒绝回答？"他说。

"嗯，这样公平吗？"

"很公平。"他说。

"根据什么原则？"我说。"不就是这个原则吗，你来到这里，在现在这个场合，作为一个完全掌握论证技艺的人，【d】你知道什么时候应当回答，什么时候不必回答？所以，你现在拒绝作出任何回答，因为你明白你现在不应当回答，是吗？"

"你在这里喋喋不休地谈论回答问题，"他说。"但是，我的好伙伴，顺从我的指导，回答问题，因为你承认我是聪明的。"

"那么我必须服从，"我说，"我似乎是被迫这么做的，因为你在发布命令，所以你问吧。"

"有感觉的事物是有灵魂的事物吗，或者说没有灵魂的事物也有感觉？"

"有灵魂的事物有感觉。"

"你知道那句话有感觉吗？"他问道。

"我不知道，老天爷都不知道。"

"那么你刚才为什么要问我，我的那句话是什么意思（感觉）① ？"

【e】"我假定，"我说，"那是因为我犯了一个非常愚蠢的错误，没有其他原因。不过，我也许没有犯错误，当我说这些话有意思时，这样说是对的。你说我犯了错误，还是没有犯错误？因为，要是我没有犯错误，你不会拒绝我，无论你有多么聪明，你会'对于处理论证没有帮助'。如果我犯了错误，那么你们刚才讲的话就不对了，【288】你们说过犯错误是不可能的——我不是在谈论你们去年说的话。所以，狄奥尼

---

① "意思"和"感觉"的希腊原文都是 νόος，英文分别译为 meaning 和 sense。

索多洛和欧绪德谟，我说，看起来，这个论证没有取得进步，老麻烦仍旧存在，在打倒其他人的时候自己也摔倒了。你的技艺没有发现如何防止这种事情发生，尽管你们对精确使用语词有了神奇的展示。"

【b】克特西普说："噢，先生们，你们来自图里，或者来自开俄斯，或者来自其他任何地方，你们的讲话方式确实令人赞叹，无论你们喜欢以什么风格讲话，哪怕你们是在彻头彻尾地胡说八道，也没有什么关系！"

我担心这些尖刻的话会引起另一番争执，就开始让克特西普再次安静下来。我说，"克特西普，我得把刚才对克利尼亚说过的话对你再说一遍，你看不到我们客人的智慧有多么深邃。只是他们俩不愿意给我们一个严肃的证明，【c】而是像那名埃及智者普洛托斯①一样给我们变戏法。所以让我们模仿墨涅拉俄斯②，拒绝放他们俩走，直到他们把严肃的一边显示给我们看。我真的认为，只要他们认真地开始了，他们那里某些极好的东西就会出现，所以让我们祈祷、鼓励、恳求他们，让这些好东西变得众所周知。至于我，我想我应当再次起引导的作用，【d】指出我祈祷他们能成为什么样的人。就从我前面中断的地方开始，我将尽力把后续的事情说完，以此激励他们采取行动，希望他们能被我的真诚所感动，真实地表现自己。"

"所以，克利尼亚，"我说，"提醒我一下，刚才我们是在什么地方中断的。我记得，好像就是在我们最后都同意必须热爱智慧的地方，不是吗？"

"是的。"他说。

"嗯，对智慧的热爱，或者哲学，就是获得知识，不是吗？"

"是的。"他说。

【e】"好吧，如果我们以正确的方式来做这件事，我们会获得什么

---

① 普洛托斯（Πρωτεύς），人名。
② 墨涅拉俄斯（Μενέλαος），希腊神话中的斯巴达王，阿伽门农的兄弟，美女海伦的丈夫。

样的知识？对这个问题最简洁的回答不就是一种对我们有益的知识吗？"

"当然。"他说。

"如果我们知道如何到各地去寻找埋藏在地下的大量黄金，那么这种知识对我们有好处吗？"

"也许。"他说。

"但在前面①，"我说，"我们已经彻底证明了这样一个观点，哪怕我们无需挖掘就能得到所有黄金，我们仍然不会变得比较好——不，哪怕我们知道如何点石成金，【289】这种知识仍旧没有任何价值。因为，除非我们也能知道如何使用黄金，否则黄金就不会拥有任何价值。或者说，你不记得了？"

"不，我记得很清楚。"他说。

"其他种类的知识似乎也没有任何价值，这些知识知道如何制造器皿、是否能挣钱，或者是医学方面的，等等，除非知道如何使用它制造出来的东西——不是这样吗？"

他表示同意。

【b】"还有，如果存在一种如何使人不朽的知识，但若没有如何使用这种不朽的知识，它似乎仍旧没有价值，如果按照我们前面接受的前提来推断。"

我们对此取得了一致的意见。

我说，"那么我们所需要的这种知识，我亲爱的朋友，要能结合制造东西的知识和如何使用它制造的东西的知识。"

"好像是这样的。"他说。

【c】"所以我们似乎根本不需要都成为竖琴的制造者，娴熟地掌握诸如此类的知识。因为，制造的技艺是一回事，使用的技艺是另外一回事；它们是相当不同的，尽管它们处理的是同一事物。制造竖琴和演奏竖琴有很大的区别，没有吗？"

他表示同意。

① 见本篇280d。

"我们不需要老是提到制造笛子的技艺，因为还有另外一个同样明显的例子。"

他说是的。

"那么，认真点。"我说，"假定我们要学习撰写演讲辞的技艺，如果我们想要幸福，这种技艺是我们必须获得的吗？"

"我不这么看。"克利尼亚答道。

【d】"你这样说有什么根据？"我问道。

"好吧。"他说："我注意到某些答道，我看到有些演讲辞的制造者并不懂得如何使用他们自己撰写的演讲辞，就像那些竖琴制造者不知道如何使用他们的竖琴一样。在前一个例子中也一样，有某些人能够使用演讲辞的制造者已经撰写出来的演讲辞，但他们自己不能撰写。所以很清楚，涉及演讲辞也一样，一种是制造它的技艺，另一种是使用它的技艺。"

"在我看来。"我说："你已经有了充足的证据，说明撰写演讲辞的技艺并非一经获得人就能幸福的技艺。但与此相连，【e】我期待我们长时间一直在寻找的知识会出现。因为，就我所知，每当我与这些撰写演讲辞的人接触，我确实感到他们绝顶聪明，克利尼亚；他们的这种技艺在我看来是神奇的，高尚的。然而，这种技艺终究并没有什么了不起，因为它是巫师技艺的一部分，【290】但又比巫师的技艺差一些。因为巫师的技艺由诱捕蝗蛇、蜘蛛、毒蝎，及其他毒物和治疗疾病组成，而这种技艺由迷惑和说服陪审团、公民大会及其他各类团体的成员组成。或者说，你对此有不同的看法？"我说。

"不。"他说："我的看法和你刚才说的差不多。"

"那么，我们下面应当进到哪一步呢？"我问道，"进到哪一项技艺？"

"我想我有点迷惑了。"他说。

"但我想我已经找到它了。"我说。

"是哪一项技艺？"克利尼亚说。

【b】"在我看来是将军的技艺。"我说："是这项技艺，而不是其他技艺，一个人得到它就能幸福。

"在我看来好像不是。"他说。

"为什么不是?"我说。

"嗯,这项技艺是一种猎取人的技艺。"

"那怎么说?"我说。

他说:"任何一种猎取的技艺无非就是追踪和捕捉,每当猎手捕捉到他们追踪的猎物时,他们不能使用它,他们,还有渔夫,要把猎物交给厨师。【c】还有,几何学家、天文学家、算术家(在一定意义上,他们也是猎人,他们没有一个制造他们使用的工具和图表,他们只是发现了那些已经存在的东西),他们自己不知道如何使用他们的猎物,而只知道如何猎取,所以他们把使用他们的发现的任务交给辩证法家——至少,他们中间这样做的人并非完全是傻瓜。"

"说得好,我说,最聪明,最能干的克利尼亚!真是这么回事吗?"

【d】"确实如此!将军也一样。"他说。"每当他们捕获城市或军营,他们就把它交给政治家——因为他们自己不知道如何使用他们捕捉到的东西——我想象,这里的方式是一样的,捕鹌鹑的把鹌鹑交给养鹌鹑的。所以,他说,如果我们需要一种其本身就知道如何使用它通过制造或捕捉得来的东西的技艺,而这种技艺能使我们幸福,那么,他说,我们必须寻找将军的技艺以外的其他技艺。"

克 【e】你什么意思,苏格拉底?这些话都是那个年轻人说的吗?

苏 你不相信这些话吗,克里托?

克 苍天在上,我一点儿都不相信!因为,在我看来,如果这些话都是他说的,那么他根本不需要教育,既不需要欧绪德谟的教育,也不需要其他人的教育。

苏 哎呀,那么这些话也许是克特西普讲的,你瞧我这记性!

克 【291】也不像是克特西普的想法!

苏 噢,至少有一点我可以保证,讲这话的既不是欧绪德谟也不是狄奥尼索多洛。你假定,我的好克里托,有某种高级的存在者在那里,说了这些事情——因为我肯定听到这些话了。

克 那好吧,苍天在上,苏格拉底,我肯定认为有某种高级的存在者，肯定有。但你以后还要继续寻找那种技艺吗？你有没有找到你正在寻找的东西？

苏 【b】找到它，我亲爱的朋友——我想没有！我们真的是非常滑稽可笑——就像一群孩子在追逐云雀；我们总以为自己能捉住每一个知识，而它们总是在逃跑。所以，我干吗要重新讲述整个故事呢？我们进到国王的技艺，对它进行彻底的考察，看它是否就是能够提供和制造幸福的那种技艺，就在那里，我们又进入了迷宫；我们以为快要走到头了，【c】却又蓦然发现自己回到了原地，我们探索开始时遇到的麻烦又出现了，就像我们开始时遇到的麻烦一样多。

克 怎么会这样呢，苏格拉底？

苏 我会告诉你的。我们认为政治家的技艺和国王的技艺是一样的。

克 接下去该怎么说？

苏 将军和各行各业的人把自己制造出来的东西交给这种技艺，因为唯有这种技艺知道如何使用它们。在我们看来，它显然就是我们正在寻找的技艺，它也是城邦的公正行为的原因，【d】用埃斯库罗斯①的话来说，只有这种技艺为国家掌舵，支配一切事物，统治一切事物，使一切事物成为有用的。

克 你的这个想法不是很好吗，苏格拉底？

苏 如果你听了后来发生的事，克里托，你自己就会有看法了。我们再一次以这样的方式提出这个问题：嗯，这种统治一切事物的国王的技艺能不能对我们产生某种效果？【e】肯定能，我们相互之间说道。你不也会这样说吗，克里托？

克 是的，我会。

苏 那么，你会说它的结果是什么呢？比如说，如果我问你，医生的技艺，当它统治它所控制的一切事物时，产生的结果是什么，你会说

---

① 埃斯库罗斯（Αἰσχύλος），公元前525—前456年，希腊第一位悲剧家，被誉为"希腊悲剧之父"。

这个结果是健康吗？

克 是的，我会。

苏 你自己的耕种的技艺怎么样，【292】当它统治它所控制的一切事物时——它产生什么结果？你难道不会说它从大地中为我们提供营养吗？

克 是的，我会。

苏 嗯，国王的技艺，当它统治它所控制的一切时，它产生什么？你也许不能轻易地找到答案。

克 不，我确实做不到，苏格拉底。

苏 我也做不到，克里托。但你至少明白这一点，如果它是我们正在寻找的技艺，那么它必须是有某种用处的。

克 是的，确实如此。

苏 那么它肯定会给我们提供某些好东西吗？

克 这是必然的，苏格拉底。

苏 【b】当然，克利尼亚和我一起同意过，除了某种知识，没有任何东西是好的。

克 是的，你说过这一点。

苏 那么，可以把其他一些结果归于政治家的技艺——这些结果，当然有许多，比如，使公民富裕和自由、不用党派纷争干扰他们——所有这些事情本身都无所谓善恶，但这种技艺必须使他们聪明，使他们分享知识，【c】如果这种知识对他们有益，能使他们幸福。

克 说得对。所以，按照你的解释，这一点无论如何是你们同意了的。

苏 那么国王的技艺使人聪明和好吗？

克 为什么不，苏格拉底？

苏 它使所有人在各个方面都好吗？它是这种能传授各种知识的技艺吗，制鞋、木作，以及其他知识？

克 我不这么想，苏格拉底。

苏 【d】那么它传授什么知识？它对我们有什么用处？它一定不是

那些无善恶之别的结果的制造者，它也一定不能传授其他知识，而只能传授它自己。现在，我们能试着说出它是什么，我们该如何使用它吗？你是否同意我们说，它是这样一种东西，凭借它我们能够使其他人好？

克　当然同意。

苏　那么据我们所知，它们在什么方面是好的，在什么方面是有用的？或者我们要继续说它们会使其他人好，【e】其他人也会对其他人做同样的事情？但是，它们以什么样的可察觉的方式是好的不能以任何方式向我们显明，尤其是我们相当轻视这些我们说是政治家的技艺的结果的这些事情。就像格言"科林苏斯①、宙斯之子"那样，如我所说，要寻找什么知识能使我们幸福，我们遇到了前所未有的困难，甚至比以前更糟糕。

克　可怜我们吧，苏格拉底，你自己似乎陷入了可怕的混乱。

苏　【293】我记得，克里托，当我陷入这种困境的时候，我开始大声叫嚷，再次向两位来访者求救，他们就像天上的俩兄弟②，请他们把我和这位年轻人从这第三波论证的浪潮③中解救出来，努力以各种可以察见的方式说清楚我们应当拥有的这种知识是什么，如果我们想要以正确的方式安度余生。

克　接下去怎么样？欧绪德谟愿意对你启示什么东西吗？

苏　【b】当然愿意！我的朋友，他以一种庄重的方式开始讲述："苏格拉底，你愿意让我教你这种使你一直困惑的知识，还是证明你拥有它？"

"噢，真是太神奇了。"我说："你有这种能力吗？"

"当然有。"他说。

"那么，苍天在上，请你证明我拥有这种知识！对我这样年纪的人

---

① 科林苏斯（Κόρινθος），神话人物。这句格言意指任何种类的空洞重复。

② 指卡斯托耳（Κάστωρ）和波吕丢克斯（Πολυδεύκης），海员的守护神，宙斯之子。

③ 前两波论证浪潮见 292a 和 292d—e。

来说，这样做比学习这种知识要容易得多。"

"那么，你只管回答我的问题就行。"他说："有什么东西是你知道的吗？"

"噢，是的。"我说，"多得很，尽管都是微不足道的。"

"这就够了。"他说。"你假定任何存在的事物可能不是它所是的那个东西吗？"

【c】"天哪，不，我不这样认为。"

"你知道某些事情吗？"他说。

"是的，我知道。"

"那么，如果你真的知道，你是知道的吗？"

"当然，就某个具体事物而言。"

"这没什么关系，因为如果你是知道的，你不就必定知道一切吗？"

"苍天在上，怎么会呢。"我说，"有许多其他事物是我不知道的。"

"那么，如果有任何事物是你不知道的，那么你是不知道的。"

"就是这样，我的朋友。"我说。

"因此你会不那么知道吗？"他说。"刚才你还说你是知道的，结果就是你是你所是的这个人，【d】然后你又说你不知道，在同一时间，涉及同样的事情。"

"很好。欧绪德谟——如谚语所说，'无论你怎么说都是好的！'但我怎么知道我们正在寻找到的知识呢？因为对同一事物来说不可能既是又不是，如果我知道一样事物，我绝对知道一切事物——因为我不能在同一时间既知道又不知道——由于我知道一切事物，我也知道这种知识，这就是你的那一块智慧吗？"

【e】"你正在用你自己的嘴驳斥你自己，苏格拉底。"他说。

"但是，欧绪德谟，"我说，"你不也遇到同样的情况吗？因为，只要我能忍受与你和这位亲爱的狄奥尼索多洛为伴，我就根本不会感到恼火。告诉我，你们俩不知道某些存在的事物吗，不是有其他一些事物是你们不知道的吗？"

"远非如此，苏格拉底。"狄奥尼索多洛说。

"怎么回事?"我说。"你什么都不知道吗?"

"正好相反。"他说。

【294】"那么你知道一切。"我说,"因为你知道某些事物吗?"

"是的,一切。"他说,"只要你真的知道哪怕一样事物,你也知道一切。"

"噢,天哪!"我说,"多么神奇啊!一项伟大的赐福真相大白了!但这不可能是真的吧,其他所有人要么知道一切,要么一无所知?"

"好吧。"他说,"我不假定他们知道某些事物、不知道其他事物,因此就同时既知道又不知道。"

"但是接下去该怎么样呢?"我问道。

"每一个人。"他说,"如果真的知道某些事物,那么他知道一切。"

【b】"众神在上,狄奥尼索多洛,"我说:"尽管我煽动你们去考虑这个有点困难的问题,但我明白你们俩都是认真的——你们俩真的知道一切事物吗?比如说,木作和制鞋?"

"是的,确实如此。"他说。

"所以你们俩能够缝皮子?"

"是的,没错,我们能用鹅卵石铺路。"

"你们也拥有星辰和沙子的数量这样一类知识吗?"

"当然。"他说。"你以为我们会否认这一点?"

【c】在这里克特西普插话了:"为了一劳永逸,狄奥尼索多洛,给我一些关于这些事情的证据,让我相信你们俩在说真话。"

"要我向你证明什么呢?"他问道。

"你知道欧绪德谟有几颗牙齿吗,他知道你有几颗牙齿吗?"

他说:"已经告诉你我们知道一切你还不满意?"

"一点儿也不满意。"他答道:"你们只需要把这件事情告诉我就可以证明你们说的是真话。因为,如果你们说出你们有多少牙齿,然后让我们来数一下,就可以证明你们说的对不对,然后我们在其他事情上都会相信你们了。"

【d】嗯,他们不愿意这样做,因为他们认为自己受到嘲笑,但他们在受到克特西普的质疑时宣称知道每一件事情。到了最后，克特西普实际上几乎没有什么问题没有向他们提出，甚至追问他们知不知道那些最无耻的事情。他们俩非常勇敢地面对他的问题，宣称自己在每一种情况下都是知道的，就像被驱赶的野猪面对进攻。结果，克里托，甚至连我自己，出自纯粹的不相信，【e】最后也追问狄奥尼索多洛是否知道如何跳舞，对此他作出的回答是他肯定知道。

我说："尽管你这样的年纪在智慧上有长足的进步，但我假定你不会舞剑，也不会在车轮上转圈，对吗？"

"没有什么事情是我不会的。"他说。

"你只在当前知道一切。"我问道："还是你的知识是永久的？"

"我的知识是永久的。"他说。

"当你还是个孩子，当你刚出生的时候，你就知道一切吗？"

他们俩不约而同地回答说："是的。"

【295】对此我们实在难以置信；欧绪德谟问道："你不相信吗，苏格拉底？"

"嗯，有一点，可能吧。"我说："你们俩真是聪明绝顶。"

"但若你愿意回答我的问题，"他说："我会证明给你看，你也会承认这些神奇的事情。"

"不过，"我说："没有什么事情比在这些要点上受到驳斥更让我喜欢。因为，要是我不明白我自己的智慧，而你将要证明我知道一切、并且始终如此，那么我这辈子还能拥有什么更大的幸运呢？"

"那你就回答问题吧。"他说。

【b】"问吧，我准备好了。"

"嗯，苏格拉底。"他说："当你拥有知识的时候，你拥有还是不拥有某样东西？"

"我拥有某样东西。"

"凭着你依靠它才拥有知识的那样东西，你知道了这样东西，还是凭着其他什么东西？"

"凭着我依靠它才拥有知识的那样东西。我假定你指的是灵魂，或者说你指的不是灵魂吗？"

"你这样说不感到羞耻吗，苏格拉底？别人向你提问，你却反问对方。"

"很好，"我说："但我该怎么办？我愿意按你说的去做。但要是我不明白你的问题，你想要我仍旧只能回答，而不能进一步询问吗？"

【c】"听了我说的话，你肯定会有所把握，不对吗？"他说。

"是的，我能。"我说道。

"那就按照你理解的意思来回答好了。"

"那么好吧，"我说："如果你说的话是一种意思，而我把它理解成另外一种意思，然后就按照后面一种意思来回答，如果我根本回答不到点子上，你会满意吗？"

"我会满意的，"他说："尽管我不认为你会满意。"

"那么我肯定不会回答问题，"我说："直到我理解这个问题。"

"你在回避你一直理解的问题，"他说："因为你在喋喋不休地胡言乱语，你真是老年痴呆了。"

【d】我明白他生气了，因为我要弄清他的话是什么意思，他想用一张语词之网包围我，把我捉住。这时候我想起，每当我不肯对孔努斯①让步时，他也会生气，其结果就是他不在我身上花那么多力气了，因为他认为我是愚蠢的。由于我已经下定决心也要听这个人的课，我想我最好还是让步，否则他会认为我不配当他的学生。【e】于是我说："好吧，欧绪德谟，如果你认为这样做是合适的，我们一定按你说的办法做，因为你在谈话方面是行家，而我只有这门技艺的一些皮毛的知识。所以，回过头来，你从头开始问吧。"

"你从头开始回答，"他说："你是否知道你凭着某样东西才知道自己知道什么东西？"

"我凭着灵魂知道它。"我说。

【296】他又来了，他说："给问题添加其他的意思！我没问你凭什

---

① 琴师，参阅272c。

么，而是你是否凭某样东西?"

"是的，我确实又回答得太多了，我说，因为我受的教育太少了。请你原谅，从现在开始我要简单地回答，我凭着某样东西知道我所知道的东西。"

"你所凭的东西始终是同一个吗，他说，或者是某个时候凭这样东西，某个时候凭另一样东西?"

我说:"始终是同一个，每当我知道的时候，我是凭着这样东西的。"

"你能停止添加别的意思吗?"他说。

"但是我担心'始终'这个词会把我们绊倒。"

【b】"它不会对我们这样做，"他说:"要是有人被绊倒的话，那就是你。来吧，你还是回答问题吧:你始终凭着这样东西去知道吗?"

"始终，"我说:"因为我必须去掉我刚才说的'每当我……的时候'。"

"那么你始终知道，凭着这样东西。由于你始终知道，所以下一个问题是，你凭着这样东西知道某些东西，凭着其他东西知道其他事情，或者说你凭着这样东西知道一切事情?"

"我凭着这样东西知道所有一切事情，"我说:"也就是，我知道那些事情。"

"你又来了，"他说:"你又在画蛇添足了!"

"好吧，我收回'我知道的那些事情'。"我说。

"不，别拿掉了，"他说:"我不是要你帮我什么忙。【c】你只要回答我的这个问题:如果你不知道一切事情，你能知道所有一切事情吗?"

"如果我能知道所有一切事情，那可真是个奇迹。"我说。

他说:"那你现在就把你喜欢添加的事情都说出来吧，因为你承认你知道所有一切事情了。"

"我好像是承认了，"我说，"尤其是我的'我知道的那些事情'没起作用，所以我知道一切。"

"你还承认你始终知道(凭着你知道的这样东西)，当你知道的时候，或者随你便，你想加什么就加什么，因为你已经承认你始终知道，同时知道所有事情。显然，甚至当你还是个孩子的时候，【d】当你刚出生的时候，当你的母亲刚怀上你的时候，你就知道了。如果你真的始终知道，那么在你来到这个世上之前，在天地被创造出来之前，你就知道所有一切事情。苍天在上，"他说，"你将始终知道，你将知道一切，如果我想这么说的话。"

"我希望你想要这么说，最尊敬的欧绪德谟，"我说："如果你确实是在说真话。但是依你的能力，我不太相信你能做到，除非你的兄长狄奥尼索多洛能够伸出援手——这样的话，也许你们俩就能做到了。【e】我继续说道，告诉我，关于其他事情，我看不到与你们这些有着巨大智慧的人进行争论的可能性，说我不知道一切事情，因为你们说我知道；但是这样一类事情我还可以说一下，欧绪德谟——我该怎么说我知道好人是不公正的？来吧，告诉我，我知道这一点，还是不知道？"

"噢，是的，你知道这点。"他说。

"我知道什么？"我说。

"好人是不公正的。"

【297】"对，我始终知道这一点，"我说："但这不是我的问题——我正在问的是，我从哪里得知好人是不公正的？"

"没有任何地方。"狄奥尼索多洛说。

"那么这是某件我不知道的事情。"我说。

"你正在毁坏这个论证，欧绪德谟对狄奥尼索多洛说：'这个家伙在这里会变成不知道的，然后会同时既知道又不知道。'狄奥尼索多洛涨红了脸。"

【b】"但是你，"我说，"欧绪德谟，你说什么？你的无所不知的兄长不像是犯了错误，对吗？"

"我是欧绪德谟的兄长吗？"狄奥尼索多洛马上又插话说。

我说，"把这个问题放过去吧，我的好朋友，直到欧绪德谟指导我，让我明白我是怎么知道好人是不公正的，别对我那么吝啬，这么点儿事情都不告诉我。"

"你正在逃跑，苏格拉底，"狄奥尼索多洛说，"你拒绝回答问题。"

"嗯，我有很好的理由，"我说，"因为我不是你们俩任何一个人的对手，【c】所以我毫不犹豫地要逃离你们俩。我比赫拉克勒斯①要软弱得多，但是就连他也不能打败两位许德拉②，因为有一位许德拉就像一位女智者，如果有人砍去她的一个头，她能在原处生出许多头来，另外一位许德拉智者就像一只从海里上岸的螃蟹——最近才来的，我想。这只螃蟹上岸以后跟赫拉克勒斯聊天，然后乘他不备，咬了他的左脚，使他痛苦不堪，赫拉克勒斯把他的外甥伊俄拉俄斯③喊来帮忙，【d】伊俄拉俄斯来了，成功地解救了他。但若我的伊俄拉俄斯来帮我，那么他只能给我带来伤害，而不是带来好处。"

念完这通咒语、讲完这个故事以后，狄奥尼索多洛说，"你能告诉我，伊俄拉俄斯是赫拉克勒斯的外甥，还是你的外甥？"

"嗯，看来我最好还是回答你的问题，狄奥尼索多洛，"我说，"因为你不会停止提问——我相当确信——你心怀妒忌，不想让欧绪德谟把那块智慧教给我。"

"现在就回答我的问题。"他说。

【e】"好吧，"我说，"我的回答是，伊俄拉俄斯是赫拉克勒斯的外甥，但要把他说成我的外甥，我想无论以任何方式都做不到。因为我的兄弟，帕特洛克勒④，不是他的父亲，尽管赫拉克勒斯的兄弟伊菲克勒⑤的名字与我兄弟的名字有点像。"

"帕特洛克勒，"他说，"是你的兄弟吗？"

"是的，确实是的，"我说："我们俩同母不同父。"

"那么他既是又不是你的兄弟。"

"我们不是同一个父亲，我的好朋友，"我说，"他的父亲是凯瑞德

---

① 赫拉克勒斯（Ἡρακλῆς），希腊神话中的大英雄。
② 许德拉（Ὕδρα）是希腊神话中的九头水蛇。
③ 伊俄拉俄斯（Ἰόλαος），神话人物。
④ 帕特洛克勒（Πατροκλῆς），人名。
⑤ 伊菲克勒（Ἰφικλῆς），神话人物。

姆①，我的父亲是索佛隆尼司库②。"

"那么，凯瑞德姆和索佛隆尼司库都是父亲吗?"他问道。

【298】"当然，"我说:"前者是我的父亲，后者是他的父亲。"

"凯瑞德姆除了是父亲以外还是什么吗?"

"除了是我的父亲以外，他至少还是其他什么。"我说。

"那么他是父亲，而又是父亲以外的其他什么吗? 或者说，你像一块石头吗?"

"我想你会把我说成是石头的，"我说，"尽管我感到自己不像石头。"

"那么你是石头以外的东西吗?"他说。

"是的，我肯定是石头以外的东西。"

"你是石头以外的东西，不就说明你不是石头吗?"他说，"同理，如果你是金子以外的东西，那么你不是金子吗?"

"对。"

"那么，凯瑞德姆是一个父亲以外的东西，所以他不是一个父亲。"他说。

"所以，他好像不是一个父亲。"我说。

【b】"如果凯瑞德姆是父亲，"欧绪德谟插话说:"那么，另一方面，索佛隆尼司库由于是父亲以外的东西，他不是父亲，所以你，苏格拉底，没有父亲。"

"在这里克特西普接过了论证，"他说，"你们的父亲不也一样吗? 他不是我的父亲以外的东西吗?"

"远非如此。"欧绪德谟说。

"什么! 你父亲和我父亲是相同的吗?"他问道。

"相同，肯定相同。"

【c】"我不同意。但是，欧绪德谟，请你告诉我，他只是我的父亲，还是世上所有人的父亲?"

---

① 凯瑞德姆 (Καιρέδημος)，人名。
② 索佛隆尼司库 (Σωφρονίσκος)，人名。

"他也是其他人的父亲。"他答道，"否则的话，你认为同一个人既是父亲又不是父亲吗？"

"我肯定没有这种想法。"克特西普说。

他说，"你怎么想——你认为某样东西能够既是金子又不是金子吗？或者既是人又不是人吗？"

"不过，也许吧，欧绪德谟，"克特西普说，"如谚语所说，两根线不能扯到一块去。如果你说你的父亲是所有人的父亲，那么你是在虚张声势。"

"但他是父亲。"他答道。

克特西普说："他只是人的父亲，还是马和其他所有动物的父亲？"

【d】"他是所有一切的父亲。"他说。

"你的母亲也是所有一切的母亲吗？"

"是的。"她是。

"你母亲是海胆的母亲吗？"

"是的，你母亲也是。"他说。

"所以你是小鱼、小狗、小猪的兄弟。"

"是的，你也是。"他说。

"你父亲变成了公猪和公狗。"

"你父亲也是。"他说。

"你马上就会承认自己就是这些畜生的，克特西普，如果你回答我的问题，"狄奥尼索多洛说："告诉我，你有狗吗？"

"有，一条恶狗。"克特西普说。

【e】"它有小狗吗？"

"它确实有，它们都像老狗一样。"

"所以这条老狗是小狗的父亲吗？"

"是的，我亲眼看到这条老狗与母狗交配。"他说。

"很好，这只老狗不是你的吗？"

"当然是。"他说。

"那么，由于它是父亲，并且是你的，所以这条狗就成了你的父亲，你成了这些小狗的兄弟，不是吗？"

不让克特西普有说话的机会，狄奥尼索多洛接过话头说，"再回答我一个小问题：你打过你的这条狗吗？"

克特西普笑了，他说，"没错，我打过这条狗，因为我不能打你！"

"那么你是在打你自己的父亲吗？"他问道。

【299】"我确实有更多的理由打你们的父亲，"他说，"因为他生了这么能干的儿子。但是我假设，欧绪德谟，你们的父亲和这些小狗从你们的智慧中得到了极大的好处！"

"但是他并不需要许多好东西，克特西普——他不需要，你也不需要。"

"你也不需要吗，欧绪德谟？"他问道。

【b】"其他任何人也都不需要。告诉我，克特西普，你认为病人在需要的时候喝药是一件好事情，或者在你看来不是一件好事情？还有，你认为一个人要去打仗的时候，配备武装好，还是不配备武装好？"

"在我看来是好事情，"他说，"不过我认为你又要玩弄你那迷人的诡计了。"

"要从事探索的最佳方式就是继续回答问题，"他说，"由于你承认人在需要的时候喝药是一件好事情，那么他不应当尽可能地多喝吗？如果有人弄了一车子藜芦①泡药给他喝，这难道不是一件好事情吗？"

【c】克特西普说："确实好极了，欧绪德谟，如果喝药的人有德尔斐②的神像那么高大！"

"还有，"他说："由于配备武装去打仗是好事，人应当尽可能多地携带长枪和盾牌吗，如果这些装备真的是好东西？"

"这些装备真的是好东西，"克特西普说，"但你本人肯定不相信这一点吗，欧绪德谟？你不会宁可带一支枪和一面盾吧？"

"是的，我会这样做。"

---

① 藜芦，一种植物，有毒，也有医效，用来治疗精神紊乱。

② 德尔斐（Δελφοί），希腊宗教圣地。

"你也会以这种方式武装革律翁①和布里亚柔斯②吗?"他问道。"我想你和你在这里的同伴会更加能干,考虑一下你们俩披挂盔甲作战。"

【d】欧绪德谟沉默了,但狄奥尼索多洛又重提克特西普前面作出的回答,继续发问,"那么关于金子会怎么样? 按照你的看法拥有它是一件好事吗?"

"确实是的,在这种情况下,拥有很多。"克特西普说。

"很好,人不应当始终拥有好东西、到处拥有好东西吗?"

"应当,应当如此。"他说。

"你承认金子也是好东西之一吗?"

"是的,我已经承认过了。"他说。

【e】"那么人应当始终拥有它,到处拥有它,尤其是他本身吗? 如果某人的肚子里有三塔伦特③金子,脑壳里有一塔伦特金子,每只眼睛里有一个金斯达特④,那么这个人不就是最幸福的人吗?"

"好吧,欧绪德谟,"克特西普说,"西徐亚⑤人确实说过,最幸福、最优秀的人就是在他们的脑壳里有大量金子的人(你们在前面谈论狗是我的父亲的时候用的也是这种办法);还有,更加惊人的是,故事说他们甚至用自己镀金的脑壳喝酒,手拿着自己的脑壳,看着里面的东西!⑥"

【300】"告诉我,"欧绪德谟说,"西徐亚人和其他人能看见东西,还是不能看见东西?"

---

① 革律翁 (Γηρυόν),希腊神话中的巨人,有三个头,三个身子,他的牛被赫拉克勒斯夺走。
② 布里亚柔斯 (Βριάρευς),希腊神话中的巨人,有五十个头和一百只手。
③ 塔伦特 (τάλαντ),古希腊重量单位。1 塔伦特约为 25.8 公斤。
④ 希腊人把一定重量的铸币称作斯达特 (στατῆρ),有金银两种,一个金斯达特约值 20 德拉克玛。
⑤ 西徐亚 (ΣΚυθία),地名。
⑥ 希罗多德描述过西徐亚人用敌人的镀金脑壳喝酒的习俗,参阅希罗多德:《历史》IV.65。

"能，我假定。"

"你也这样吗？"他问道。

"是的，我也这样。"

"你看见我们的外衣吗？"

"是的。"

"那么这些外衣是能看的。"

"当然能看。"克特西普说。

"嗯，它们看什么？"他说。

"什么也没看。还有你，也许吧，别假定你在看它们，你真是个讨人喜欢的无辜者。但是你让我惊讶，欧绪德谟，竟然睁着眼睡着了；如果有可能谈论和说根本不存在的事物，那么你现在正在这样做。"

【b】"但是沉默者的谈论肯定是不可能的。"狄奥尼索多洛说。

"完全不可能。"克特西普说。

"那么，谈论者的沉默也不可能吗？"

"更加不可能。"他答道。

"但是，每当你提到石头、木头、铁块的时候，你不是在谈论沉默者吗？"

"如果我经过铁匠铺，那么我不是，"他说，"因为那里的铁块据说会讲话和大声叫喊，如果有人在打铁。所以，在这里，谢谢你的智慧，你在胡说八道而并不自知。但是把另外一个要点证明给我看，怎么会有谈论者的沉默。"

【c】我注意到克特西普很想出风头，他喜欢这样做。

"每当你沉默的时候，"欧绪德谟说，"你不是对一切事物都沉默了吗？"

"是的，我是这样的。"他说。

"因此，涉及谈论，你也是沉默的，如果'谈论'也包括在一切事物之中。"

"什么？"克特西普说，"一切事物不是沉默的，是吗？"

"我想不是。"欧绪德谟说。

"那么好，我的好朋友，一切事物都讲话吗？"

"所有讲话的事物讲话，我假定。"

"但是，"他说，"这不是我的问题——我想要知道，一切事物是沉默的，还是说话的？"

【d】"要么都不是，要么都是，"狄奥尼索多洛插话说，"我敢肯定你不知道如何对付这个回答！"

克特西普狂笑起来，他说，"欧绪德谟，你的兄长把这个论证给弄坏了，毁掉了！"克利尼亚非常高兴，也笑了起来，这样一来，克特西普更加趾高气扬，忘乎所以。这是我的看法，克特西普就是道听途说，从这些人那里捡来了这些东西，因为当今世上不可能还有其他人拥有能与之相比的智慧。

【e】于是我说，"克利尼亚，你为什么要对如此严肃和美好的事情发笑？"

"苏格拉底，你怎么啦，你见过美丽的事物吗？"狄奥尼索多洛问道。

"是的，我确实见过许多。"狄奥尼索多洛。

【301】"它们与美丽的事物是不同的，"他问道，"还是相同的？"

"这个问题让我陷入困境，我想我可以发发牢骚。"我答道，"它们全都与美丽本身不同，但它们各自都拥有某些美。"

"如果你面前有一头公牛，你是一头公牛吗？因为现在我在你面前，你是狄奥尼索多洛吗？"

"上天不容。"我说。

"但是，以什么样的方式，"他说，"不同的事物是不同的，仅仅因为不同的事物出现在不同的事物面前吗？"

【b】"你在这里碰到难处了吗？"我说。（我急于拥有这俩人的智慧，我尝试模仿它。）

"我怎么会碰到难处呢？"他说。"不仅我不会碰到难处，而且其他每个人也不会碰到难处，当一件事情是不可能的时候。"

"你在说什么，狄奥尼索多洛？美丽的东西不是美的，丑陋的东西不是丑的吗？"

"是的，如果我喜欢的话。"他说。

"你喜欢吗？"

"当然。"他说。

"那么，相同的东西是相同的，不同的东西是不同的，不也是这种情况吗？【c】因为我不猜想不同的是相同的，但我认为，哪怕是一个孩子也不会怀疑不同的事物是不同的。但是你肯定会故意忽略这一点，狄奥尼索多洛，因为你和你的兄弟在其他各个方面都让我震惊，你们把这种论证的技艺发挥到极点，臻于完善，就像把他们的专门事务处理得很恰当的工匠。"

"那么你知道，"他说，"什么是各种工匠的恰当事务？比如，你知道摆弄那些金属是谁的事务？"

"是的，我知道——是铁匠的事务。"

"制造陶器是谁的事务？"

"陶工的。"

"还有，屠宰、剥皮、切肉、烹饪、油炸是谁的事务？"

【d】"厨师的。"我说。

"如果一个人做他专门的事务，他会做好吗？"

"当然会。"

"厨师的专门事务是切肉和剥皮吗，如你所说？你同意过这一点，不是吗？"

"是的，我同意过，但是请你原谅我。"

"那么很清楚，"他说，"如果有人把那厨师宰了，切成肉片，煮熟或油炸，那么他显然在做专门的事务。假如有人把铁匠放在铁砧上锻打，或者把陶工放在转盘上转，【e】他也在做专门的事务。"

"波塞冬①在上！"我喊道，"你在你们的智慧上添上了最精彩的一笔！你认为这样的技艺会是我的吗？"

"苏格拉底，"他说，"如果它变成了你的技艺，你会认识它吗？"

---

① 波塞冬（Ποσειδῶν），希腊神话中的海神，宙斯的兄弟。

"只要你愿意，我说，我显然认识它。"

"那是什么，他说——你认为你认识自己的所有物吗？"

"是的，除非你禁止它——因为我的全部希望必须从你开始，到欧绪德谟那里结束。"

"你认为这些东西由你控制和随意支配，因此是你的吗？【302】比如一头公牛或一只绵羊：你把这些东西当作你自己的，因为你可以随意把它们卖了，或者拿去献给任何神吗？如果你不能以这种方式处理它们，它们就不是你的吗？"

"由于我知道有些好东西会从他们的问题中显现出来，同时，由于我急于想听个究竟，所以我说，确实如此——只有这样的东西是我的。"

"很好，"他说。"你把所有拥有灵魂的东西称作活物，不是吗？"

"是的。"我说。

【b】"你承认只有那些你有权对它们做刚才我提到的那些事情的东西才是你的吗？"

"我承认。"

他故意停顿了一下，好像他在考虑某些重大问题，然后他说："苏格拉底，你有家族神宙斯吗？"

我猜想这个论证就要结束（如果它能转变为正确的），于是就开始努力想要离开，却不料我已经在那里像被网住的鱼一样乱蹦乱跳了。

"不，我没有，狄奥尼索多洛，"我说。

【c】"那么你是一个可悲的贱民，甚至根本不是一个雅典人，如果你既没有家族神，又没有神龛，也没有其他诸如此类的有益于绅士的东西。"

"够了，狄奥尼索多洛——注意一下你的讲话，别用这么尖刻的话给我上课。我确实拥有祭坛；我拥有神龛，家族神的和祖先神的，还有其他诸如此类的东西，就像其他雅典人一样。"

"嗯，其他雅典人怎么样？"他说。"他们也都没有家族神宙斯吗？"

　　"没有一个伊奥尼亚人① 会这样说，"我说，"那些殖民城邦的人不会这样说，我们自己也不会这样说。我们确实有一位家族神阿波罗②，【d】由于伊安③ 的世系，但我们不把宙斯称作家族神。倒不如说我们称他为'家族的护卫者'或'部落的护卫者'，我们也把雅典娜④ 当作我们的'部落的护卫者'。"

　　"噢，够了，"狄奥尼索多洛说，"因为你好像拥有阿波罗、宙斯、雅典娜。"

　　"当然。"我说。

　　"那么，这些都是你的神吗？"他说。

　　"我的祖先，"我说，"和我的主人。"

　　"但是不管怎么说，他们是你的。"他说。"你难道不承认他们是你的吗？"

　　"是的，我承认，"我说，"我会怎么样呢？"

　　【e】"那么，这些神，"他说，"也是活物吗？因为你承认凡有灵魂的东西是活物。或者说这些神没有灵魂吗？"

　　"噢，是的，它们有灵魂。"我说。

　　"所以他们是活物吗？"

　　"是的，是活物。"我说。

　　"你同意你可以随意处置属于你的活物，你有权赠送和出售它们，把它们献祭给任何神。"

　　"是的，我同意，我说——在这一点上我没有退却，欧绪德谟。"

　　【303】"那么直截了当地告诉我，"他说，"由于你承认宙斯和其他众神是你的，你有权出售它们，赠送它们，或者以你喜欢的方式对待它

---

① 伊奥尼亚（Ἰονια），古代希腊地区名，位于小亚细亚西岸中段从南到北的一条狭长地带，还包括萨摩斯和开俄斯两个岛屿。希腊人在这里建立的十二个殖民城邦，其中包括米利都、爱菲索、科罗封等，是希腊哲学最早发生的地方。
② 阿波罗（Ἀπολλον），宙斯之子，太阳神。
③ 伊安（Ἰων），传说中的阿波罗之子。
④ 雅典娜（Ἀθηνᾱ），宙斯之女，雅典保护神。

们，就像你对待其他活物一样吗？"

你瞧，克里托，我当时坐在那里一声不吭，就像被那个论证打倒了似的。但就在这个时候克特西普前来助战，他说："好啊①，赫拉克勒斯，多么美妙的论证！"狄奥尼索多洛说："赫拉克勒斯是一个坏蛋，还是那个坏蛋是赫拉克勒斯？"克特西普说："波塞冬在上，多么神奇的论证！我服了——这俩人是不可战胜的。"

【b】这个时候，我亲爱的克里托，在场的人无一例外地赞扬这个论证和这两个人，他们欢笑、鼓掌，把他们捧上了天，直到筋疲力尽才慢慢平息下来。在先前的谈话中，在进行每一项论证的时候，只有欧绪德谟的崇拜者发出过这样的喧哗；而现在似乎吕克昂的每一柱廊都回荡着掌声，为他们的成功感到喜悦。【c】甚至我自己也受到感染，打算宣布我今生今世从未见过如此聪明的人；我完全被他们的技艺征服，于是我开始赞颂他们说，噢，幸福的哥俩，你们拥有的天赋真是太神奇了，在如此短暂的时间里迅速地完成了这项艰巨的工作！你们的论证中有许多精美的东西，欧绪德谟和狄奥尼索多洛，其中有一样是伟大的，你们从不在乎多数人的想法，【d】或者说，不在乎那些有影响或有名望的人的想法，而只注意像你们这一类人的想法。我相信，很少有人会像你们一样赞扬这些论证，而大多数人对这些论证理解甚浅，我敢肯定，他们要用诸如此类的论证来驳斥其他人比他们被这些论证所驳斥更可耻。不过，你们的演示有一种公共精神和仁慈的方面；每当你们否认有任何事物是美的、好的、白的，【e】否认不同者在任何方面都不同，你们实际上把人们的嘴都缝上了，如你们所说。但由于你们似乎也把自己的嘴缝上了，你们说话时的迷人方式和尖刻用词也就在很大程度上被消除了。但是一切事物中最伟大的事物是你们的技艺，这种技艺是如此精妙，每一个人都能在很短的时间里掌握它。我本人通过观察克特西普发现了这一点，【304】看到他在关键时刻很快就能模仿你们。你们的技艺能够很

---

① 好啊（εὖγε, ἔφη），英文译为 Bravo。这个词有两个意思，一是好，二是坏蛋、无赖。

快学会是一件好事，但不能使它本身很好地进行公开展示。如果你们接
受我的建议，请你们不要对公众讲话；否则听众很快就能掌握，并且不
会向你们表示感谢。你们俩最好在私下里争论，或者，如果你们必须有
一名听众，那么别让任何人参加，除非他能给你们钱。【b】如果你们是
聪明的，你们会向你们的门徒提出同样的建议，决不要和任何人争论，
除了你们自己相互之间。物以稀为贵，欧绪德谟，水是最贱的，尽管如
品达①所说水是最好的。不过，来吧，我说，看看是否能让我和克利尼
亚来听你们的课。

　　说完这些事情，克里托，作了其他一些简短的评论以后，【c】我们
分开了。现在，你想个办法和我们一道去听他们的课，因为他们宣称能
教任何愿意付学费的人，年纪和能力都不能阻止任何人轻易地学到他们
的智慧。跟你特别有关的是，他们说他们的技艺不是挣钱的障碍。

　　克　好吧，苏格拉底，我这个人很乐意听，也很乐意学；问题在于
我担心自己不是欧绪德谟这一类的人。【d】正好相反，我是你提到的另
一类人中的一个，宁可被这种论证驳斥，也不愿用这种论证去驳斥别
人。现在要向你提建议我似乎会显得可笑，但我还是想把我听到的事情
告诉你。昨天你们的讨论结束以后，我在离开的时候碰到一个人（这个
人自己在智慧方面有很高的声誉，是那些擅长撰写法庭演讲词的人之
一），他说，克里托，你不是这些聪明人的门徒？苍天在上，我说，不
是——人太多了，我听不见，尽管我站得相当近。不过，他说，【e】这
种论证还是可以听一听的。什么论证？我问道。你会听到当今世上最聪
明的人谈论这种论证。我说，他们是怎么对你展示的？没啥名堂，他
说，除了一些老生常谈，你任何时候都能从这些人那里听到——瞎聊，
对一些不会有结果的事情争个没完。（这基本上是他的原话。）但是，我
说，哲学是一样迷人的东西。迷人，【305】我天真的朋友？他说，得了
吧，一文不值！如果你刚才在场，我想你会为自己的朋友的讲话感到脸
红，他真是太奇怪了，竟然愿意把自己交由这些人处置，他们根本不在

---

① 　品达（Πίνδαρος），希腊诗人。参阅品达:《奥林匹亚颂歌》I.1。

意自己在说些什么，只是咬文嚼字。这些人，如我刚才所说，是当今时代最有影响的人。然而，事实上，克里托，这些活动和从事这种活动的人都是没有价值的，【b】可笑的。在我看来，苏格拉底，这个人错就错在批评这种活动，其他批评这种活动的人也错了。至于愿意在大庭广众之下与这样的人争论，在我看来似乎值得申斥。

　　苏　克里托，像这样的人确实很奇怪。还有，我到现在还不知道该怎么回击。这个遇到你、攻击哲学的人是哪一类人？他是那些在法庭上辩论的能干的人之一吗，一名演说家？或者说他是把这样的人武装起来战斗的人之一，一名撰写讲稿供演说家使用的作家？

　　克　【c】他肯定不是一名演说家，确实不是。我也不认为他曾去过法庭。但是他们说他懂得这个行当——非常在行——他是一个能干的人，擅长撰写演讲稿。

　　苏　现在我明白了——我自己想说的就是这种人。这些人，克里托，普罗狄科① 把他们说成是占据着介于哲学家与政治家之间的无人区。他们认为自己是最聪明的人，他们不仅是最聪明的，而且也在许多人眼中是最聪明的，所以，除了哲学的追随者，【d】没有人能剥夺他们享有世人普遍的尊敬。因此，他们认为，如果他们把这些人说得一钱不值，那么这场智慧的名声的竞争的胜利在所有人眼中就无可争议地马上属于他们了。他们认为，他们确实是最聪明的，每当他们在私人谈话中被打断，他们就归罪于欧绪德谟和他的同伙。他们自认为是聪明的，并且认为理应如此，因为他们认为自己不仅在哲学中相当出色，而且在政治中也是这样。【e】是的，他们在智慧上的自负是相当自然的，因为他们认为他们拥有所需要的各种智慧；还有，避开危险和冲突，他们采摘智慧的果实。

　　克　那么，苏格拉底，你认为他们所说的这些话有意思吗？无法否认的是，他们的论证貌似可信。

　　苏　【306】它是貌似可信的，克里托，但不是真理。要说服他们相

---

① 普罗狄科（Πρόδικος），著名智者。

信这一点不是一件容易的事，两样事物一样是善的，一样是恶的，在这种情况下，位于这两样事物之间并且分有它们的某个人或某样事物比其中一样事物要差，比另一样事物要好；另一种情况，如果这个事物分有的是两样特别的善物，那么它比这两样善物的每一样都要差，从其目的来看，这两样善物中的每一样（作为这个事物的组成部分）都是有用的。【b】仅在居间者分有两样特别恶的事物的情况下，它比它分有的这两样事物都要好。现在，如果哲学是好的，政治家的活动也是好的（各自有不同的目的），那些分有二者的人居于其间，那么这些人在胡说八道，因为他们比二者都要差。如果哲学和政治家的活动一好一坏，那么他们比后者的实践者要好，比前者的实践者要差；如果二者都是坏的，那么他们说的话会有某些真理，【c】否则，他们就一点儿真理也没有了。我不认为他们会同意二者（哲学与政治）都是坏的，也不会同意一好一坏。事实上，在分有二者的时候，涉及政治或哲学的价值这个目标，他们比二者都要差；尽管他们处于第三的位置上，但他们想要被人当作第一。然而，我们应当原谅他们的野心，不要生气，我们仍旧应当看到他们就是这样的人。【d】毕竟，我们应当尊敬每一个说话明智的人，他们勇敢地追求智慧，辛勤劳动。

克　好吧，苏格拉底，如我老是跟你讲的那样，我仍旧感到困惑，不知道应当如何对待我的儿子。我的小儿子还很小，但是克里托布卢已经长大成人，需要有人帮他。事实上，每当我遇见你，我就想起自己所碰到的种种麻烦，【e】全都是为了这个孩子，好比说找个出身高贵的女人结婚给他做后娘，多挣些钱让他们能够过上好日子，根本没有时间考虑他们的教育。但另一方面，每当我看到这些自称能教育人的人，我就感到震惊；与他们中的每一个人相比，【307】我都感到无地自容，我们之间说话我说得坦率一些。所以结果就是，我不知道该如何说服我的孩子去学哲学。

苏　我亲爱的克里托，你难道不明白，无论做哪一行，愚蠢卑劣者居多，严肃高尚者极少？比如说，你不认为体育是一件好事情吗？还有挣钱、演说、将军的技艺？

克　是的，这些行当当然会给我留下这种印象。

苏　【b】那么好，在这些行业中，你难道没有注意到大多数人的表现都很平庸吗？

克　是的，确实如此——你说的完全正确。

苏　但你会因此而回避从事任何行业，也不让你的儿子去从事任何行业吗？

克　这样做就不对了，苏格拉底。

苏　那么，不要做你不应当做的事，克里托，也别为那些实践哲学的人担心，无论他们是好是坏。【c】倒不如认真思考事情本身：如果哲学在你看来是微不足道的，那就让所有人都回避它，而不仅仅是你的儿子。但若你对哲学的看法也和我一样，那么如谚语所说，让"你自己和你的家人"用心去追求它，实践它。【符号：Prt.《普罗泰戈拉篇》，M.《美诺篇》，Euthd.《欧绪德谟篇》】

索　引

A

Abdera: Ἀβδηρά 阿布德拉（地名）Prt. 309c

Acarnania(ns): Ἀχαρνεὺς 阿卡奈人 Euthd.271c

Achilles: Ἀχίλλειος 阿喀琉斯 Prt. 340a

acropolis of Athens: ἀκρό-πολις 卫城（雅典的）M. 89b

Acumenus: Ἀκουμενοῦ 阿库美努 Prt. 315c

Adeimantus,son of Cepis: Ἀδείμαντος 阿狄曼图，凯皮斯之子 Prt. 315e

Adeimantus,son of Leucolophides: Ἀδείμαντος 阿狄曼图，琉科罗菲得斯之子 Prt. 315e

advice/adviser: ὑπτιθεσθαί,σύμβο-υος 咨询、顾问 Prt. 313a+

Aeschylus: Αἰσχύλος 埃斯库罗斯 Euthd.291d

Agathocles: Ἀγαθοκλῆς 阿伽索克莱 Prt. 316e

Agathon: Ἀγάθων 阿伽松，《会饮篇》对话人 Prt. 315d,315e

Alcibiades,Athenian general: Ἀλκιβι-άδης 阿尔基比亚德,《阿尔基比亚德上篇》、《阿尔基比亚德下篇》、《普罗泰戈拉篇》、《会饮篇》对话人 Euthd. 275a,275b; Prt. 309a+,309c,316a,320a,336b+,336e,347b,348b

Alcibiades,the elder: Ἀλκιβιάδης 老阿尔基比亚德 Euthd. 275b

Aleuadae: Ἀλευαδαι 阿留亚戴人 M. 70b

Alexidemus: Ἀλεξιζήμους 阿勒西得谟 M. 76e

Andron: Ἀνδρων 安德隆 Prt. 315c

Androtion: Ἀνδροτίων 安德罗提翁 Prt. 315c

Anthemion: Ἀυθεμίωνος 安塞米翁 M. 90a

Antimoerus: Ἀντίμοιρος 安提谟鲁 Prt. 315a

Anytus: Ἀνυτος 阿尼图斯,《美诺篇》对话人 M. 90a,90c-94,94e,95a

Apollo: Ἀπολλον 阿波罗 Euthd. 302c+; Prt. 343b

Apollodorus,father of Hippocrates: Ἀπολλόδωρος 阿波罗多洛，希波克拉底之父 Prt. 310a,316b,328d

appearance/appearing: ἐκφαίνεσθαι,

327e,329c+,329e,330+,339,349+,353+,
356+,357e+,359+,361

voluntary: ἐθελοντής 自愿 Prt. 323d+

W

war: πόλεμος 战争 Prt. 322b

wealth(y): χρήματα 富裕 Prt. 326c

whole: ὅλος 全部，整体 Prt. 329d,349+

wicked(ness): κακός 邪恶 Prt. 323b,
327c+

will,weakness of: βούημα ἀσθέιω 意
志软弱 Prt.352b+

wine: οἶνοςβάκχιος 葡萄酒 Prt. 347c+

wisdom/wise: σοφία 智慧 / 聪明 Euthd.
275a,279d+,282b+; M. 74a,88c+; Prt.
309c,329e+,332+,343,352d,358c

women: γὔνη 妇女 M. 99d; Prt. 342d

wrestling: πάλαισμα 摔跤 Euthd. 277d;
M. 94c

writers/writing: συγγραφεύςγραφή
作家、写作 Prt. 326c+,329a

X

Xanthias: Ξανθίας 克珊西亚 M. 94c

Xanthippus,son of Pericles: Ξάνθιππος
克珊西普，伯里克利之子 M. 94b; Prt.
315a,320a,328c,328d

Z

Zeus: Διὸς 宙斯 Euthd. 302c+; Prt. 312a,
321d,329c

Zeuxippus: Ζεύξιππος 宙克西波 Prt.
318b+